THE MICROSTRESS EFFECT

HOW LITTLE THINGS PILE UP AND
CREATE BIG PROBLEMS—
AND WHAT TO DO ABOUT IT

微壓力

小情緒如何累積成大問題？

羅伯・克羅斯 Rob Cross
凱倫・狄倫 Karen Dillon
(著)

姬健梅
(譯)

獻給我們的子女：
瑞秋和康納，還有芮貝卡和艾瑪，
他們一向是喜悅的泉源，
也時時提醒我們必須眞心陪伴自己最關心的人。

CONTENTS

結語

引言

無形而且永無休止

我們原本並未打算寫這本書。過去這二十年來，我（羅伯．克羅斯）一直在研究高效率組織的網路動態以及高績效員工的合作實務。我寫過許多文章講述有些人工作起來遠比其他人更有成效，因為他們懂得善用自己的人際網路。我試圖找出企業往往會有的錯誤假設，關於哪些人是公司裡最有價值的員工，以及這些人如何利用人際網路來獲致成果。

可是當我對高成就人士進行了一系列訪談，試圖了解使他們能與他人有效合作的實務做法，我偶然發現了一件更重要的事。在我所作的第一批訪談中，我聽到了一個很棒的故事，是關於一名生命科學高階主管在收到醫生的嚴重警告之後，人際網路在幫助她改而採取更健康的生活方式上所發揮的作用。她說自己從久坐不動的工作狂變成會主動挑選度假地點，讓她能和丈夫一起去跑馬拉松。在我們交談時，她精力旺盛，而且生活狀態顯然極佳。由於我的訪談對象乃是各個組織所認定的高效率員工，受訪者當中會有一、兩名馬拉松跑者也合情合理。可是，當她津津樂道地和我分享她的新生活方式，令我感到納悶的卻是另一件事。一個顯然目標明確的人何以會如此嚴重地忽略了自己的健康？我突發奇想，問她起初是什麼讓她偏離了軌道。她一時語塞，然後對我說：「就只是生活吧，我想。」

於是我們刻意向其他接受訪談的高績效員工（共三百人，男女各半）提出類似的問題。他們當中有許多人都是在壓力下即將爆發的火藥桶，但是大多數人都並未意識到自己所處的狀態。要等到訪談已經進行了相當長的時間之後，他們才會承認自己在工作和個人生活上要跟上腳步都很吃力。而這些人卻是被所屬組織公認為表現優異的員工。

在訪談中，許多人都語帶哽咽，甚至眼淚奪眶而出，感嘆自己看不見擺脫困境的出路，覺得自己就只是勉強撐著。做了幾十年的研究，我很熟悉高績效員工為了達到職業目標而經常承受的那種有形的壓力。但是這種情況完全不同。那的確是壓力，但不管是他們還是我們都找不出語彙來表達這種形式的壓力。在交談中，我們逐漸發現，使他們感覺到不堪負荷的從來不是單單一件大事，而是他們沒注意到的微小壓力在無意間不斷累積，嚴重影響了這些人的幸福，雖然他們看似擁有一切。我們把這些微小的壓力稱作**微壓力**。

有大量數據告訴我們，世界各地的人都承受著程度空前的巨大壓力。例如，蓋洛普公司所作的「年度職場現況調查」所得出的結論是，只有百分之三十三的受訪者「勝任愉快」，而有百分之四十四的員工表示在典型的工作日中承受「很多」壓力——這個數字創下了歷史新高。可是，對於這種新形式的壓力所造成的損害，大家所知甚少，也並未充分加以研究。這種損害十分隱微，但是累積的作用足以打亂個人生活和職業生活，就連高績效員工也深受其擾。

這些微壓力從何而來？

我們都同意我們如今生活在一個全天無休的超連結世界，誰都可以隨時用簡訊、電話或視訊通話和我們聯絡，而且是在我們的每一個生活領域。我們必須全天候隨時待命，不管是在個人生活還是職業生活中。可是高績效員工和其他的聰明人，好比讀者您，並未意識到這些連結引發了大量的微壓力，這種壓力遠遠超出一張長長的待辦事項清單或是排滿的行事曆。由於微壓力來自個人生活中以及職業上與我們最親近的人，在情感上也存在著多層次的複雜糾葛，我們無法在一天結束時就將之甩開。微壓力滲入我們的思緒，消耗我們的精力，轉移了我們的焦點，一點一滴地竊取了我們的生活。

當許多人在訪談中娓娓道出自己生活中令人心碎的故事，我決定轉而研究該如何解決微壓力這種尚不為人所知的流行病。當我聆聽那些高績效員工述說那些微小壓力在不知不覺中如滾雪球般愈變愈大，成為影響他們個人幸福的壓力，我意識到自己也沒能倖免於微壓力的影響。就跟讀者當中的許多人一樣，我很容易答應太多的工作計畫和請求，假定我可以集中全部精力，憑著意志力就能度過任何難關。我一直告訴自己，只要我能**熬過這一週**，我就能撐下去。只不過每一週都成了這一週。到最後，我抱持這個態度好幾個月，完全沒有休息。而直到那時，我才意識到微壓力的長期漣漪效應。我當時處於前所未有的最差狀態，而且已經太久沒有全心全意與我生命中最重要的人相處。基於個人因素和職業因素，我都需要了解此一現象。

懷著這份急迫感，我聯繫了凱倫．狄倫，問她是否願意和我合寫這本新書。她曾擔任《哈佛商業評論》的編輯，也是《紐約時報》暢銷書《你要如何衡量你的人生》的共同作者。我一直很欣賞凱倫和哈佛商學院教授克雷頓．克里斯汀生合著的這本書。該書的重點在於幫助人們了解如何活出有意義的生活。她自己也經歷過職業生涯的快速發展，後來在生活上做出了一些重大改變，使她能夠重新調整自己人生的優先事項。她在職業生涯的顛峰毅然辭去了《哈佛商業評論》的編輯職務，有幾年的時間把生活重心改放在家庭上。直到她找回了生活的平衡，才又完全恢復職業活動。我們花了好幾個月討論我所作的研究，然後決定我們不只是想要寫這本書，而是也需要寫這本書，來幫助其他人了解發生在他們身上的事。在疫情期間合作使得這個目標對我們兩人來說都更為明確。你的身心健康關係重大，不能讓微壓力毀掉你的生活。

在撰寫本書的過程中，我們兩個都刻意運用了我們從研究中學到的一些策略，來減輕自身的微壓力。有時當我們發現自己陷入了舊日的習慣，就會暫停會議，以提醒自己要避免在無意間引發一波波施加在對方身上的微壓力，或是我們會在每次通話時特意花幾分鐘時間來聊聊個人的事，哪怕時間緊迫。而在這整個過程中，我們兩個都努力在工作之外維持和朋友與家人的聯繫，以對抗乃至預防我們也必須面對的微壓力所帶來的損害。在我們展開這件工作兩年之後，我們已經更能夠掌控自己承受的微壓力。

本書可以提供哪些幫助

在接下來的篇章裡，我們將會分享我們從數百份訪談以及羅伯對「合作」的長年研究中所得到的洞見。透過研究，我們發現你可以用一些方式來安排你的生活，不僅有助於減輕微壓力，也能提升你的整體幸福。此一做法涉及（事實上是需要）建立並強化與他人的真實連結。這些人際連結又會反過來使你的生活更為多元，並且幫助你減輕微壓力的影響。這是個良性循環。

第一章：我們將會定義微壓力，說明什麼是微壓力，以及它如何悄悄地毀掉你的生活。其餘幾章將幫助你找出你生活中的微壓力源，讓你能診斷出自己的問題所在，並且訂出策略來加以對抗。

第二章：找出消耗你能力的微壓力。耗盡能力的微壓力，使許多人覺得自己在工作和個人生活這兩方面都失敗了。我們幾乎無法善盡每日的責任。本章提供了實用的建議來抵擋或調整你的一些人際互動，以減少這種形式的微壓力所帶來的影響。

第三章：我們將把重點放在耗盡你情緒儲備（亦即內心平靜、堅毅和心理韌性的總和）的微壓力，幫助你集中精神，確定優先順序，管理恐懼、焦慮以及你對你所關心之人的關切。我們將會檢視消耗情感的微壓力從何而來，並且指引你去防止它們侵蝕你的生活品質。

第四章：我們將會探討挑戰你身分認同的微壓力，它們會引發不自在的感覺，讓你覺得自己不是你真正想成為的那個人。這些微壓力逐漸削弱你生活的動力和意義感。本章將幫助你看出這些微壓力在哪些地方影響了你的生活，並且提供可行的建議，幫助你回到正軌。

第五章：描述了該如何發展出全面的計畫，來解決微壓力所帶來的主要和次要影響。一系列的練習將幫助你擬訂實際可行的計畫，以掌控自己生活中的微壓力。在本章中所提供的最佳做法來自我們稱為「十中挑一者」的那群人，亦即受訪者當中那百分之十的人，他們不僅成功地駕馭了微壓力，也同時保持著充實而令人滿足的個人生活與職業生活。幸運的是，只要稍加努力，你就能把這些「十中挑一者」的最佳做法融入自己的生活中。

第六章：要探討的是，大家往往習慣性地認為心理韌性乃是他們必須深深挖掘自己內心才能找到的東西。其實不然。我們將會指出，與他人的連結能夠提供七種可預測的心理韌性，幫助你度過難關——如果你已經建立起這些人際關係，並且知道該在何時加以利用，以及如何利用。

第七章：我們將推翻「維持身體健康是件仰賴意志力的個人活動」這個傳統觀念。我們提出一個不易回答的疑問：如果維持身體健康是件簡單的事，只要知道該做什麼，並且有動力去付諸行動就行了；那麼何以一年才只過了幾個星期，就有這麼多人沒能實踐自己在除夕夜立下的決心？由於健康和你人際網路中的其他人密切相關，我們將會指出，在維持健康或恢復健康這件事上，和其他人的連結具有關鍵作用，遠遠不只在於擁有健身夥伴而已。

最後，在**第八章**：我們將探討找到生活意義這件事所帶來的力量，尤其是在日常的人際互動中找到意義，以幫助你應付日常生活中微壓力的攻擊。我們研究中的那群「十中挑一者」並沒有做什麼了不起的事，而是藉由和他人共度更豐富的微小時刻而成長茁壯。第八章告訴你如何在你的生活中找到意義——不是在六個月後或明年，而是就在明天。

我們知道，要生活中充滿微壓力的人花時間來讀一本討論這個問題的書，可能看似適得其反。但是我們向你保證，你會得到真實的收穫。隨著我們在本書中探討「微壓力」這個概念，我們希望你將更能夠表達你已經感受到的東西。然後我們就能幫助你作出改變。在我們的研究中，我們看見即使只是抵擋兩、三種微壓力，就能對你的日常生活產生顯著的影響。每一章都有指導時間以及你能夠採用的具體做法。我們撰寫這本書的方式也讓你在了解了「微壓力」這個概念之後，就能專心閱讀能對你生活產生最大影響的章節。

微壓力的問題是可以解決的。你從不曾比現在更有能力來掌控你要做什麼、要和誰一起做。如同一位受訪者所說：「我只想重新找回我的生活！」這正是你能夠做到的事。在接下來的章節中，我們將會告訴你如何做到。

Chapter 1

一種健康危機

微壓力：微小的瞬間壓力，由我們個人生活和職業生活中的一些人所引發；這些壓力如此司空見慣，我們幾乎察覺不到，但是累積而成的損害卻很傷人。

主要洞見

❖ **我們無法逃避微壓力**，因為無意間造成微壓力的人，是我們個人生活和職業生活中密不可分的一部分。

❖ **微壓力來得很快，而且是在微小的瞬間**；它不會引發典型「戰或逃」的警覺系統，這種警覺系統幫助我們在更明顯的其他壓力形式下存活。我們的身體受到微壓力累積起來的影響，但我們卻不知道壓力的起因。

❖ **微壓力可能會引發連鎖反應**，造成第一波、第二波乃至第三波的後果，可以持續數小時乃至數天，雖然你可能不會看出這些作用和最初的微壓力有所關聯。

❖ **你可以減輕微壓力的影響**。你無法徹底消除微壓力（除非你想搬到一座荒島上或是成為一名隱士！），但是你可以學習一些策略來減少微壓力的數量、減輕其程度和負面影響，並且使你在個人生活與職業生活中的人際連結成為你身心健康不可或缺的一部分。

有哪裡不太對勁。是胸痛嗎？他也說不清楚。那種感覺稍縱即逝，如同布萊恩後來對我們說的，「可是我確信是我的心臟出了問題」。他在慌亂中去掛了急診。布萊恩在一家舉世知名的投資銀行擔任常務董事，一向以注重保持健康自豪。他是個全心投入的自行車隊好手，在任何一天都能告訴你他的平均心率、速度、阻力和功率輸出的閾值強度。布萊恩的職場導師最近才因心臟病去世，他非常清楚自己胸口的異樣感覺對一個健康的三十八歲男子來說並不正常。當一系列的檢查都沒有發現什麼異常，布萊恩假定他胸口的那股壓迫感就只是他的想像。他告訴我們：「老實說，我當時有點害怕。」

我們和布萊恩碰面是因為他被公司視為高績效員工。一開始交談，我們就明白了何以他會被公司推薦來參與我們的研究：布萊恩似乎擁有一切。他有一個健康快樂的家庭，住在一座大城市的漂亮郊區，而且對一個出身勞工家庭的孩子來說，他在職業上取得的成就遠遠超出他的想像。他是冷靜自信的化身。可是當我們請布萊恩說說他生活中典型的一天，一種不同的模式卻出現了。「我覺得我好像什麼都做不好，」他坦言，「不管是在工作上，還是在個人生活中，沒有人得到我足夠的關注。」

當我們談起他為何會有這種感覺，我們並不意外地聽見布萊恩把自己逼到恐慌發作的地步。他已經習慣了生活中每天都會碰到的微壓力，乃至於他就只是把它們逐一處理掉，並未意識到那些短暫時刻的累積效應，在最初引發微壓力的事件過後仍繼續存在。

例如，布萊恩不記得他最後一次在夜裡好好睡上一覺是什麼時候了。「我就是無法在夜裡靜下心來，」他告訴我們。「可是並沒有什麼大事，就只是一堆小事。」他列舉了當天縈繞在他腦中的事。他認為他是在和我們分享他的待辦事項清單，而我們聽到的卻是一張微壓力清單：

- 他醒來時想著有兩位同事尚未完成分析報告，那是他兩天後向其他常務董事作簡報時要用的。他開始擔心自己為了彌補同事的不足而得要做的工作。
- 由於他的公司橫跨了世界各個時區，他每天早晨一醒來，就幾乎都會收到大量在夜裡寄出的電子郵件，帶來令人煩惱的消息，關於金融市場或是在公司內部其他地方發生的事。
- 他的上司一向喜歡在深夜寄發緊迫盯人的電子郵件，更改他之前交代布萊恩完成的工作。重要客戶也經常在深夜寄發類似的電子郵件。他的上司和客戶很少承認這些要求更改了自己原先的要求。可是這些更改不僅對布萊恩造成影響，也影響了他要與之協調以完成工作的所有人。

而這還只是他一天的開始。在工作日中，他遭遇一波接一波的微壓力。在我們和他交談的那一天，他告訴我們他正準備替他的團隊爭取獎金。去年，為了可酌情發放的部分獎金，他在公司內部的一場權力鬥爭中敗給了另一個部門。他還在熟悉他目前的團隊，因為公司的高層一直把他工作小組中的明星成員調走，以因應公司其他部門的迫切需求。今年他不想讓他的團隊失望。當我們結束訪談，布萊恩匆忙趕去和一位高階主管晤談，對方正向他施加愈來愈大的壓力，要他提升公司在資本市場上的形象，但是對方似乎並不了解布萊恩所屬業務單位最根本的挑戰。

在我們進行訪談的短暫時間裡，他的手機和筆電不斷發出收到訊息的提示音和鈴聲。「在電子郵件、Slack（一種團隊即時通訊與協同作業軟體）和視訊通話之間，我無時無刻不在工作，」他告訴我們。「可是我沒有權利抱怨。我在經濟上有保障，有一個支持我的妻子，還有一間舒適的住宅，是我從未想過自己能夠擁有的，而我的小孩似乎也在成長茁壯。我還有什麼可抱怨的呢？」

微壓力不僅是指待辦事項清單過長，也是不容易解決的情感包袱。微壓力的來源很少是典型的麻煩人物，像是難搞的客戶或是可惡的上司。相反地，它來自與我們最親近的人：我們的朋友、家人和同事。在我們首次交談時，布萊恩甚至沒想到要提起他個人日常生活中許多的其他微壓力，例如他對他八十五歲的父親的掛念。他父親說自己「正在實驗」所服用的藥物劑量，想看看自己感覺如何。結果是他父親有時候會根本忘了吃藥，導致他白天經常都在睡覺。由於白天睡得太多，他父親夜裡無法入睡，摸黑在家裡走來走去時更常跌倒。因此，布萊恩和

壓力	收到主管的最後通牒，說你的部門如果無法達成高難度的銷售目標，你就會被解雇。
微壓力	當主管宣布公司正在更新和長期客戶的標準合約，要求加快付款速度，而你得負責把這個壞消息告訴客戶，雖然明知道要他們遵守這些新條款會很困難。
次級微壓力	當你再三斟酌該如何傳達這個消息，而不至於損害你努力建立起的顧客關係。這份焦慮使你無法打電話給客戶，因為你擔心自己會做錯。
壓力	要在所屬部門進行多次裁員時保住工作。
微壓力	當你明白在一項共同工作案中，有兩名組員沒能完成他們應做的部分，而你將得要額外花時間來完成。
次級微壓力	當你明白你得先擱置令你興奮的成長計畫，而專心收拾你同事留下的殘局。你也擔心在趕上截止期限之後，可能要和同事進行一番不愉快的談話，討論他們的缺失。
壓力	處理離婚爭議，這不僅會拆散你的家庭，也會耗盡你的積蓄。
微壓力	當你打電話給配偶，說你無法及時回家參加女兒的壘球比賽，雖然你原本答應要去。
次級微壓力	當你不得不請配偶把這個壞消息轉告女兒，使得配偶和女兒在這週剩餘的時間裡都在暗中對你發洩不滿的情緒。

表 1-1 ｜壓力和微壓力有何不同

壓力	應付一位善變的主管，他每天的情緒會影響全辦公室的人。
微壓力	本意良好的主管又一次更改你的工作重點。
次級微壓力	當你召集團隊進行重組，因為你們原本拚命想完成的工作已經不再是優先事項，而你必須要再次重新調整。
壓力	被診斷出癌症第二期。
微壓力	當你明白你無法和朋友進行每週例行的網球比賽，沮喪地感覺到自己的體能正在逐漸下滑。
次級微壓力	當你把這個壞消息告訴朋友，說你這一次又無法參加。你看得出來他們對你有怨言。你擔心他們會把你踢出網球小組，讓你不僅失去鍛鍊身體的機會，也失去和這群朋友的定期往來。
壓力	明白你年邁的父母已經無法獨立生活，而你必須重新安排自己的生活來協助他們。
微壓力	當你試圖安排家人通話，以討論該如何照顧年邁的雙親，而你的兄弟姊妹住在不同的時區。
次級微壓力	當你向配偶說起最近和手足所作的交談帶有被動的攻擊性，因為你們對於父母親需要什麼有不同的看法，而你的配偶指出你的兄弟姊妹對你不夠感激，使你更加惱怒。與手足的爭吵使你情緒激動，耗去了你原本計畫要和小孩共度的週日時光。
壓力	你的小孩有嚴重的飲食失調問題。
微壓力	你在開會時看了一下手機，看見你正處於青春期的小孩傳來一則隱隱令人擔憂的簡訊：「就只有我沒被邀請去參加理察的派對。」
次級微壓力	當你不再專心工作，而把下午剩下的時間用來偷偷監控你小孩的社群媒體，試圖找到線索來了解發生了什麼事。

妻子輪流去他爸媽家探望他們。可是因為工作太忙，這種例行探訪愈來愈難做到。布萊恩的妻子工作也很繁重，而且她今年可望成為合夥人。他們可能需要雇用一名看護，可是他們何時才抽得出時間來做這件事？而且他的父母會接受嗎？這番談話要如何進行？

如同布萊恩的情況所顯示的，情感包袱是我們因為自覺辜負了所愛之人而感到的內疚，或是對其健康的擔憂。人際關係中的情感，不管是正面或負面，都會增強壓力源所造成的影響。微壓力也許很小，但是卻很複雜。我們已經接受了一般壓力乃是生活的一部分，表 1-1 則詳細說明了微壓力和一般壓力的差別。

表 1-2 歸納出十四種常見的微壓力，將之分為三類，這就是本書的重點。在下面幾章，我們將會逐一深入檢視這些微壓力。

當你掃視這張清單，想來你立刻就能至少勾選出幾項你正在承受的微壓力。按照我們的估算，布萊恩幾乎承受著這全部十四種微壓力，而且還僅只是在某一天裡。雖然相同的主題可能會略有變化，但許多人可能都會以類似的方式來描述自己的日常生活。而且就像布萊恩一樣，你也許會認為自己就只能接受微壓力，

表 1-2 ｜十四種常見的微壓力，按照類別區分

耗竭你個人能力的微壓力	耗盡你情緒儲備的微壓力	挑戰你身分與價值觀的微壓力
• 角色和優先順序不一致 • 同事的工作表現略有不足 • 難以預測的權威人物 • 溝通方式欠缺效率 • 責任激增	• 擔任管理職和維護屬下 • 衝突性的對話 • 缺乏信賴 • 二手壓力 • 政治操弄	• 和你個人的價值觀有所衝突 • 損及你自信的人際互動 • 和家人或朋友的負面互動 • 你的人際網路被打亂

因為事情就是這樣。

在各欄中的每一種微壓力也許看起來都是可以控制的，畢竟那都只是些瞬間。可是我們往往沒能看出微壓力會引發第一波、第二波乃至於第三波的後果，這些後果可能會持續數小時或數天，干擾你的生活，卻並未讓你聯想到原初的壓力。微壓力能導致無數的問題，包括：

- **耗盡你的時間**。如果你必須花費太多時間來處理並解決一件事，你就會用掉需要用來履行其他工作義務的時間。這種時間的損失會給你造成壓力，因為你擔心自己對其他人所作的承諾，擔心要如何找出時間來完成工作，擔心同事會有什麼反應——如果你敷衍了事或是沒能如期完成工作。

- **使你偏離自己的目標。**被拉往不同的方向使你處於被動狀態，使你無法把努力投注在你個人在乎的事情上。結果你總是忙忙碌碌，卻無法去做那些對你事業的長期成功以及人生意義而言至關重要的事。
- **讓你犧牲你個人所作的承諾。**分秒必爭地完成工作可能導致你逃避或減少你對家人、朋友以及你所屬之其他團體所作的個人承諾。誰不曾煩惱必須向家人傳達壞消息，說你無法遵守你所作的承諾？而且這不僅是由於錯過孩子的足球比賽或學校戲劇演出而心存內疚，也會造成你逐漸把近親之外的活動和人際關係從優先事項中移除。為了應付無窮無盡的微壓力而限縮你的生活，這可能會嚴重損害你的身心健康。
- **把至親好友拖進你的工作壓力中。**當你由於工作上的微壓力而被迫取消你所作的個人承諾，你就替你在工作之外的人際關係添加了微壓力。或是你把你承受的微壓力告訴親人，用你的說法轉述你所受到的不公平待遇。配偶和朋友支持你，往往會發揮同理心，和你同感憤怒。他們的反饋在當下讓你覺得很痛快，但事實上，這可能會再度引發你的情緒，擴大了微壓力最初的影響。你說得沒錯，他們是在占我便宜！你在微壓力中陷得更深，而現在你的至親好友在情緒上也被拖下水。

- **破壞你人脈中的人際關係。**在承受微壓力時，許多人都會私下找人幫忙。也許你會請求一名組員熬夜加班，替你即將要作的簡報進行一項分析或草擬一段幻燈片的內容，或是拜託同事請某個供應商幫忙。可是一個客戶或主管突然改變了期望，從而改變了你需要完成的工作，使得你的請託以及對別人所造成的壓力變得毫無意義。「假如我知道你並不需要在週一早上拿到這些資料，我就不會在週末加班了。」

而且你需要應付的微壓力當然從來不會只有一、兩個。就像布萊恩，你可能在一天之內就得面對幾十個微壓力。而這些微壓力會累積，週復一週，月復一月。於是你筋疲力盡，疲累不堪，但你卻很難指出是為什麼。這是有原因的。

我們的大腦如何應付微壓力

微壓力以前所未有的數量、強度和速度融入我們的日常生活，因此格外有害。

然而我們的身體卻不知道該如何看待它。我們的身體平常回應壓力的過程被稱為「動態平衡」（allostasis），這是一種保護身體免受內在與外在壓力的生物機制，有助於維持體內平衡。我們的大腦知道該如何注意到一般形式的壓力，能辨識出威脅，使用「戰或逃」機制所激發的額外活力來應付這些威脅。

不幸的是，微壓力不在這些典型的警覺系統的偵測範圍之內，卻仍然造成了可觀的損害。紐約大學格羅斯曼醫學院的行為神經學者兼研究員喬爾·薩利納斯（Joel Salinas）加以說明，他也是「艾薩克醫療診所」（Isaac Health）的醫療長，該診所在網路上提供大腦醫療服務。薩利納斯的研究重點是心理因素對大腦健康的影響，他說：「想像一下風對一座山的侵蝕。這和炸藥在一座山上炸出一個洞來不同，可是如果風不停地吹，久而久之，就可能逐漸把一整座山消蝕成小土塊。」我們也許並未有意識地察覺到微壓力，但是它們會使我們的血壓升高、心率加速（就像布萊恩恐慌發作時的情況），或是引發荷爾蒙的變化或新陳代謝改變。薩利納斯說：「於是，微壓力雖然對我們的身體造成損害，我們的大腦卻沒有完全將之視為一種威脅。因此，大腦沒有啟動我們在面對更明顯的壓力時可能引發的那種高階保護機制。」

大腦無法辨識出微壓力，部分原因在於大腦處理訊息的方式。在大腦中負責工作記憶的部位是前額葉。薩利納斯說，我們的工作記憶就是我們在腦中記筆記的地方，有點像是腦中的便條簿。但是在持續的壓力下，前額葉的暫存記憶區往往會縮小，使我們更難記住需要我們去關注或回應的事。這就解釋了何以有許多人在疫情期間感覺到一種腦霧。被微壓力淹沒的大腦不像平常一樣有能力去注意一項活動或解決問題。我們感受到異常大的壓力，但可能不記得是為什麼。薩利納斯說：「可以說，這比跨越了『戰或逃』門檻的較大威脅更糟。不僅是你沒有注意到它，而且它造成的後果也可能更嚴重。」

因此，雖然你可能很快就把微壓力視為你能夠處理的東西而不予理會，你的大腦卻可能不會。事實上，根據神經科學家麗莎・費德曼・巴瑞特（Lisa Feldman Barrett）的看法，人類的大腦似乎無法區分慢性壓力的不同來源。她是美國東北大學心理學系傑出教授，也是《關於大腦的七又二分之一堂課》一書的作者。巴瑞特寫道，壓力的作用是顯而易見的，即使是來自「瞬間的壓力源」。「如果你的『身體預算』已經被各種生活情況耗盡，像是身體疾病、財務困難、荷爾蒙激增，或者就只是睡眠不足或欠缺運動，那麼你的大腦就更容易受到各種壓力的影響。」

一項研究發現，如果你在飯後兩小時內承受了社會壓力，你的身體代謝食物的方式就會在你所吃進的熱量之外增加一百零四卡路里。「如果這種情況每天都發生，一年下來就會增加五公斤的體重！」巴瑞特推算。「不僅如此，如果你在壓力過大的一天裡吃了健康的不飽和脂肪，例如堅果中所含的脂肪，你的身體就會把這些食物當成飽含壞脂肪的食物來代謝。」

而且，當微壓力被加入你的日常生活，它們並非落在一個空盤子上——大多數人已經是在滿負載狀況下運轉，在工作和個人生活的各種要求下負擔過重。巴瑞特說明：「當你的『身體預算』持續承受重負，瞬間的壓力源會堆疊累積，即使是你平常很快就能從中恢復的那種壓力。這就好比一群小孩在床上跳來跳去。那張床也許可以承受住十個小孩同時在床上跳躍，可是第十一個小孩就會把床架壓斷。」

這就是發生在布萊恩身上的情況。用比喻的方式來說，他的生活充滿了在他床上跳來跳去的各種微壓力。這些壓力可能會累積起來，使你更容易受到任何形式之壓力的影響，哪怕是很小的壓力。這是個惡性循環。

一種隱性的流行病

我們顯然正置身於微壓力這種流行病中。它正在毀掉人們的生活。受訪者和我們分享的故事往往是痛苦的，而他們全都是成功人士。在訪談開始時，他們流露出積極正面的表象，講述他們生活的美好。可是過了大約四十五分鐘後，我們發現就連這群成功人士也過得很辛苦。在許多次訪談中，受訪者會在某個時候哽咽得說不出話來，或是流下眼淚。

我們聽過有人說自己在職場上快速晉升，卻在即將達成某個目標時覺得自己好像什麼都做不好。一位受訪者告訴我們：「工作上的所有壓力都被家人造成的壓力給放大了，有幾年的時間，每一件事似乎都失控了。」我們聽到了緊繃的人際關係，說他們忽視了身體健康，對自己曾經熱愛的活動失去了興趣，朋友圈縮小了，身分認同感減少了……大多數的受訪者就只是接受這些壞處，認為這在現代生活中是不可避免的。

溫水煮青蛙的古老故事就說明了微壓力可能具有的破壞力。如果把一隻青蛙放進一鍋滾水，青蛙會立刻跳出來。可是如果把一隻青蛙放進一鍋冷水，再慢慢加熱，青蛙就會適應並且容忍高溫，直到那鍋水變得太熱，而青蛙再也跳不出來。

我們當中有太多人坐在慢慢沸騰的水中，因為我們不明白發生在自己身上的事。如同我們從受訪者的故事中一再聽見的，一切都ＯＫ。直到一切不再ＯＫ。

然而，這種命運並非不可避免。的確有辦法在微壓力的汪洋中航行，而不至於讓它使你偏離航線。

Chapter 2

為什麼你撐不下去了

耗竭你個人能力的微壓力

主要洞見

- **消耗我們個人能力的微壓力**潛入我們已經負荷過重的每一天，使得每一天變得更長，充實感卻減少，迫使我們不斷轉換焦點，並承受其代價，導致我們工作效率降低，還會滲入我們的個人生活。耗損能力的微壓力有五個典型原因：
  - 角色和優先順序不一致
  - 同事的工作表現略有不足
  - 難以預測的權威人物

○ 溝通方式欠缺效率

○ 責任激增

❖ 只發生在一、兩個瞬間的單單一種微壓力，可能會引發**持續數小時乃至數天的漣漪效應**，不僅會影響你，也會影響你的同事、家人和朋友。

❖ 一旦了解了微壓力的來源及其損害，就**可以抵擋消耗你個人能力的微壓力**，而在你的日常生活中造成顯著差異。

光只是新任行銷總監安東尼發出的一封電子郵件，就使領導數個團隊的經理人麗塔陷入恐慌。這封電郵寄給了六名主管，並且層層轉寄給下屬，要求大家替即將舉行的高階主管簡報準備資料。這封郵件似乎很緊急，但是缺少細節，讓每個收件者都心生疑問。他什麼時候需要這些資料？要幻燈片還是談話要點？有共用的範本嗎？重要的是，他想要述說的故事是什麼？

從某些方面來說，這封電郵再簡單不過：一位主管要求團隊替一場已知將要舉行的簡報做準備。可是這一封信卻在整個組織中引發了長達數小時的壓力。當麗塔和同事努力從字裡行間讀出其意圖，電子郵件在行銷部門裡傳來傳去。過去這幾週裡，有好幾個收件者曾經和這位行銷總監討論過該場簡報，可是對於安東尼究竟想要什麼，每一番討論得出的版本都略有不同，使得事情更加令人困惑。

收到安東尼傳來電郵的九十分鐘後，麗塔已經處理了三十四封尋求指示或抱怨時間表的電子郵件。同時，原始郵件的收件者當中有兩個人已經著手去做了他們認為安東尼想要的東西，並且把結果轉傳給她。可是他們各自使用了不同來源的數據，述說的故事互相矛盾。然而，麗塔直到下午六點半才發現了這個不一致之處，那時她才終於有時間來看看他們的工作結果，因為一整天她都忙著滅火，擱置了她原本要優先解決的工作。這時候，那兩個人當然都已經下班了。這件事本該由幾個人來共同處理，麗塔只是其中之一，為什麼釐清兩份資料中不一致之處變成了她的工作？

麗塔原本希望這天晚上能和她十幾歲的兒子一起吃晚餐。最近他變得悶悶不樂，待在自己房間裡的時間比平時更長。也許這只是她的想像，但是她很想抽空和他談談。只可惜她覺得她至少得要聯絡上同事，設法釐清數據的問題，才能下班。等她終於把車子開出停車場，她知道兒子很可能已經從冰箱裡找了些東西吃，回到他房間裡，今晚不會再出來了。她又一次錯過了和兒子溝通的機會。這位新任的行銷總監可能自認為他提出的要求很簡單——他想要看到數據以幾種不同的方式呈現——可是他的要求最後卻占用了她整個下午和晚上的時間。取得正確的數據，重新計算那些數字，再轉化成以視覺呈現的模式，這需要好幾位同事擱下手邊的工作，才能把麗塔所需要的東西交給她。她把鬧鐘的時間調得很早，讓她能在早晨以清醒的目光審視這些資料。

不幸的是，對麗塔來說，這一天並沒有什麼特別不尋常之處。對於大多數人來說可能也是如此。任何一天都可能充滿一連串看似微小的要求或是優先順序的改變，打亂了我們的生活，使我們擱下原本正在做的事情，改為專注在別的事情上。我們不得不加班，而把家人和朋友擱在一邊。生活中充滿了消耗我們個人能力的微壓力，減損了我們完成工作的能力，不管是在職場上還是在個人生活中。當這些微壓力襲來，我們通常不會多加思索，並未察覺它們對我們造成的影響。我們就只是咬緊牙關堅持下去。可是這並不表示它們沒有對我們造成損害。消耗我們能力的微壓力會引發一連串未被察覺的其他壓力，可能持續數小時乃至數天。我們會更加努力工作來加以彌補，在這個過程中使我們個人生活中的關係變得緊繃。或是我們由於時間不夠而提交了未達水準的工作成果，而這又會導致職場人際關係的壓力，因為我們沒能達到信賴我們的人對我們的期望。

消耗能力的微壓力

在下面幾頁我們將定義這五類消耗能力的微壓力，逐一探討，並且說明它們如何潛入你的日常生活。我們將會分享我們研究中的個案，關於人們如何受到這些微壓力的影響。最後，我們將會提供一些實用的建議，來幫助你抵擋這種形式的微壓力。

在麗塔的故事中，重點並不在於她處理不了行銷總監在最後一刻才提出的要求，而在於任何一個微壓力都不會單獨存在。微壓力總是會引發更多的微壓力。如果把麗塔和她同事與家人所承受的累積損害加在一起，就會看出這一個微壓力的觸角伸得很長（圖 2-1）。

讓我們更仔細地來檢視一下消耗你個人能力的微壓力來源。

圖 2-1 ｜消耗個人能力的一個微壓力所引發的漣漪效應

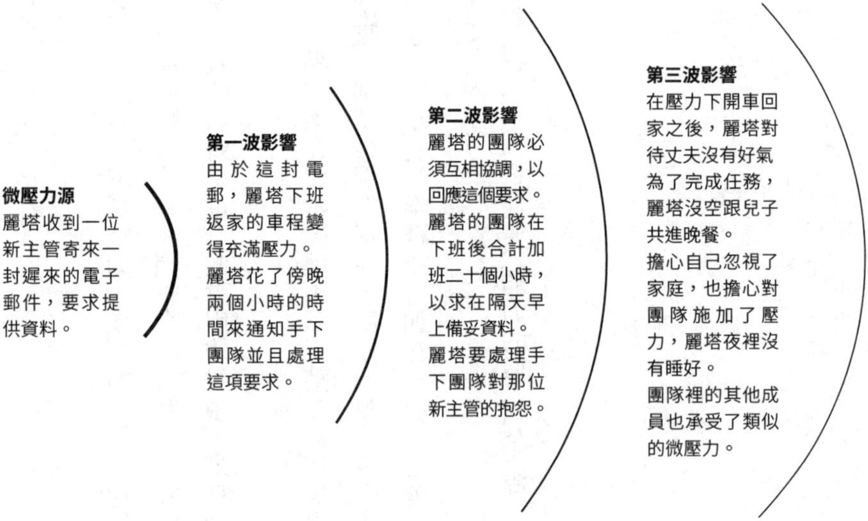
微壓力源
麗塔收到一位新主管寄來一封遲來的電子郵件，要求提供資料。
第一波影響
由於這封電郵，麗塔下班返家的車程變得充滿壓力。
麗塔花了傍晚兩個小時的時間來通知手下團隊並且處理這項要求。
第二波影響
麗塔的團隊必須互相協調，以回應這個要求。
麗塔的團隊在下班後合計加班二十個小時，以求在隔天早上備妥資料。
麗塔要處理手下團隊對那位新主管的抱怨。
第三波影響
在壓力下開車回家之後，麗塔對待丈夫沒有好氣
為了完成任務，麗塔沒空跟兒子共進晚餐。
擔心自己忽視了家庭，也擔心對團隊施加了壓力，麗塔夜裡沒有睡好。
團隊裡的其他成員也承受了類似的微壓力。

微壓力1：角色和優先順序不一致

大多數人都有過這種挫折感，當所屬團隊成員的優先事項略有不同，很難團結在一個共同的願景之下，或是很難有效率地完成需要整合的工作。隨著工作方式更加靈活，我們發現自己不僅屬於一個跨職能團隊，而是屬於好幾個，於是效率低下的問題倍增。我們訪談過的人都經歷過最常見的一個痛點，就是所屬團隊直到一項專案的晚期才意識到這個優先順序不一致的問題，或是才設法加以解決。沒有人會故意製造出這種誤解，大家開完會時都假定每個人都很清楚該做什麼。但是我們在研究中聽過幾百個故事，述說最後令人傷透腦筋的專案，有些甚至耽誤或阻礙了當事人的職業生涯，**而問題的根源就在於沒有及早解決小小的不一致。**

發生不一致的情況是可以預見的，通常是當大家只從自己的角度去解決一個問題或完成一件任務，而沒有先弄清楚自己的工作該如何配合大局。以下是優先順序不一致的三種常見情況：

- **目標不同：**這種不一致往往是由於團隊成員在職能上的優先順序不同而產生。比如說，你所屬的團隊係由行銷人員、ＩＴ人員和產品開發人員所組成。雖然你們全都同意推出產品的最後期限，但是在期限之前的這六週裡，視你們的工作績效如何受到衡量和獎勵而定，你們的目標可能會大相逕庭。每個目標對於推出產品都非常重要，可是你們看待交付成果的觀點略有不同。理論上，在一件專案中，團隊負責人和來自其他部門的同事要交付的成果是相同的，可是他們每個人可能都決心要展示自己特有的政治實力，而把團隊推往不同的方向，使每個人都無所適從。

- **價值觀不同：**獨特的專業技能、責任或喜好會使人認為自己工作的某些面向最為重要。這並不在於工作被評估與獎勵的方式，而更在於人們覺得工作本來就應該怎麼做才對。某個人可能會優先考慮技術的優越，花了太多時間來製作模型和解決工程學問題，卻忽略了能吸引顧客的優雅設計。另一個人則可能重視顧客的回饋意見，力求滿足顧客需要，而非追求工程學技術上最有效的解決辦法。這種不一致可能導致各方在進行例行專案會議時都感到挫折。
- **要求不明確：**專案管理不善使得本意良好的組員不太清楚要交付的成果，而這種不明確會引發微壓力。如果缺少明確的方向，組員就會自行填補空白，往往會追求錯誤的目標或是把時間浪費在其他人認為沒必要的工作上。

這種缺乏焦點的做法會引發額外的微壓力，由於大家需要私下討論並且重新調整工作流程，來把事情弄清楚。

有幾種快速的方法可以檢查這種不一致的情況是否存在。試著詢問組員，某件專案怎麼樣算是成功。如果每個人的答案都略有不同，你可能就看見了微壓力的來源。或是，如果你注意到會議經常開得很久，最後卻仍然感覺沒有什麼成果，你們的看法就可能並不一致。（一個明顯的徵兆是大家都急著趕赴下一場會議，而沒有留下時間來快速總結或回顧剛才達成的共識。）或是當你發現你對團隊的集體成果並不感到自豪，那麼這個專案就可能是每個人都自認為在做正確的事，可是沒有人方向一致，而這就反映在成果上。

當然，這種不協調會產生連鎖反應。以馬克為例，他任職於一家商業服務機構，最近剛晉升為營運經理，而他不明白自己收到的負面回饋意見何以愈來愈多。升職意味著他現在聽命於兩個業務部門的主管，不只責任增加了，他在組織裡的能見度也提高了，兩者都是可喜的事。他現在領導一個團隊，負責快速修復會影響大客戶的重要軟體問題，手下有三個職責不同的小組長。從概念上而言，這個新職位很適合馬克，他以解決問題的能力和使命必達著稱。

可是自從升職之後，馬克覺得自己什麼都做不好。他發現顧客的抱怨就像「打地鼠」遊戲中不斷冒出的地鼠。他努力想完成工作，工作的時間愈來愈長，包括夜晚和週末。當馬克應該要鼓舞士氣、樹立領導者的威信，他的新團隊卻懷疑他是否能夠勝任愉快。

更糟的是，他在晚上也把這份挫折感帶回家。當他告知妻子他可能沒空參加她計畫已久的大學同學會，她很不高興。「你幾個月前就知道這件事對我很重要，」她對他說，「為什麼你沒有好好計畫？」

馬克每天都自責沒能把工作做好，可是起初他並未意識到自己所有微壓力的來源是一連串小小的不一致。

後來發現，對於該如何解決一個問題，他底下三個小組長的看法都略有不同。品質小組認為解決問題意味著找出根本原因，工程小組認為解決問題意味著技術解決方案，而產品管理小組則認為是最終向顧客提出解決辦法。至於客戶則是希望這三種解決辦法同時發生。由於缺少共同的成功模式，小組與小組之間的交接往往笨拙、欠缺效率而且時機不當。而馬克意識到他也從未向任何一組闡明他本身的期望，任由各組自己去推測成功的樣貌。

為了重新協調，他安排了會議，分別和自己的兩個主管開會，然後再和這兩位主管以及他屬下的整個團隊一起開會，好讓每個人都對解決辦法意味著什麼達成共識。團隊中的每個人原本都真心認為自己在按照要求做事，卻沒有意識到自己狹隘的視角可能會給團隊整體造成問題。那場會議讓每個人都茅塞頓開，包括馬克的兩位新主管。結果是馬克的團隊訂出了被視為優先事項的單單一組期望，得到更多資源，可雇用更多人員來處理這些優先事項，並且替那些被認為超出工作範圍的問題訂出向上通報的管道。以這種方式工作了幾個月之後，馬克重拾了信心，也恢復了他身為一名優秀專案經理的名聲。

指導時間

解決團隊不協調所造成的微壓力

如果你感覺到你的團隊不協調，就需要盡快解決這個問題。按照下述流程來修正不協調的情況，以免給每個人帶來更多的微壓力。

集合你的團隊，召開一場快速協調會議。「我懷疑我們每個人對於專案目標的解讀都略有不同。接下來這幾天我們能否抽出三十分鐘的時間，來確保我們的目標一致？」在這場會議中，把重點放在這種不協調對團隊成員的影響。如果你能讓每個人明白這種不協調是多麼沒有效率而令人沮喪，那麼團隊就會願意修正方向。採取下面這一系列步驟來修正你們的方向：

1. **在合作討論中重新確定該專案的目的或重要性**。把重點放在團隊合作能帶來的影響。強調能吸引每個人的高階目標，例如新軟體將能使顧客的工作民主化，或是這項研究將有助於製造出更經濟實惠的藥物。確保大家都能看出自己該如何作出貢獻，以達成這些目標。會議開始時不要討論時間表和過去的錯誤，而應該以「大家可以做到什麼」的抱負開場，接著要求大家作出具體的承諾，並且弄清楚需要清除的障礙。
2. **討論每個人（或每個小組）的工作如何能對整個專案作出貢獻**。確定每個人或每個小組的工作所需要的資源。確保每個人都很清楚自己被要求去做的事，也很清楚他們假定其他人會做的事。
3. **坦白討論可能會阻撓大家執行任務的障礙**。這番對話可能表現為檢視可用的時間、資源，或是一個組員由於部門主管要求他優先處理其他工作而受到的壓力。有些障礙是你能夠解決的（例如：和該名組員的主管談一談），有些則是你無法解決的（例如：資源）。但是找出這些阻礙之後，你就能訂出更切合實際的時間表和任務分配，也能替超出工作範圍的問題訂出向上通報的途徑。

4. **用圖形勾勒出組員間相互依賴的關係，使之一目了然**。把會影響其他組員工作的相互依賴關係用視覺化的圖形呈現出來。這個草圖不必是完美的流程圖，只要替整個團隊製作出一張粗略的路線圖就夠了。每一次開會時都使用白板（實體或虛擬白板）。有許多虛擬工具可用於這項協作任務（例如：線上白板工具 Miro 和線上筆記軟體 Notion 讓你能夠建置一個共用的線上白板，上面有便利貼可供每個組員修改）。

5. **確保每個組員對自己正在做的工作作出承諾**。利用會議的最後幾分鐘，讓每個人重複自己的期望以及在下次開會前要採取的行動。同意在每次重新開會時（不管是面對面會議還是虛擬會議），都先檢視這塊白板，一目了然地提醒大家目前的進度以及接下來的進程，並且找出任何新的，或正在醞釀中的不一致之處。

避免不協調導致之微壓力的幾個策略。你可以採取幾個實用的步驟來避免讓小小的不協調悄悄進入你的工作。這些步驟取決於你是否願意在工作的各個環節暫停一下，並且提出問題，以確保一個小小的不協調能夠在演變成大問題之前得到修正。

展開一項新專案之前，先調查關係的複雜度

微壓力的一個潛在來源在於如今職場上日益增加的協作足跡。我們在工作時需要參與協作的次數和種類大幅增加，但當我們估算一件任務或一項專案所需要的時間，我們往往沒有把這個時間計算進來。

- **考慮各種關係和突發事件。**想清楚一件新任務或專案可能涉及的人際關係網路和突發事件，包括它們和你或你的團隊目前所作工作的交互影響。你將仰賴誰來完成這項任務？他們將會順利合作嗎？還是說完成工作所需要的協作足跡大於預期？
- **檢視目標、優先事項和利害關係人。**和專案發起人以及領導人談一談，確保你清楚了解所涉及的目標、優先事項和利害關係人。你可能會很想答應參與新專案，因為你想要協助請你幫忙的人，或是想要表現出勇於任事的

態度，但是你在作出承諾之前可以先說「我想再多了解一些」，而仍舊保持開放和積極的態度。

- **釐清這項請求的規模。**與所有相關人員溝通，包括在其他專案中和你合作的人員，確保他們了解新專案的內容，也確保這是你能力所及，考慮到你同時還有別的優先事項要處理。

展開一項新專案時，釐清你承諾要做的事

- **議定工作內容和時間。**在工作初期就花些時間和團隊討論，確保大家都同意工作內容和時間。花五分鐘來替自己、利害關係人以及提供協助的其他同事釐清具體細節。
- **弄清楚自己應負的責任。**你必須了解這項請求的規模，才能知道你（還有你將仰賴的同事）是否有時間、有能力來完成這項工作。
- **訂出明確的時間表以及所期望的績效。**一開始就達成共識，對於每個組員的成功都至關重要。

一起工作時要警覺是否有不協調的情況出現

- **發展出自己的偵測系統來發現不協調的情況，讓你能夠迅速設法解決問題。**考慮利用一次會議的最後五到十分鐘，請大家重複自己從談話中聽到的重點，以確保沒有誤解。
- **留意你的直覺。**如果在開會之後心中浮現一種不安的感覺，這可能就表示大家的想法並不一致。
- **考慮在會後寫一封後續電郵。**即使只是簡短地列出幾點主要假定，也能確保團隊在目標、責任、期限和應交付的成果上達成共識。我們經常在會議結束時假定大家都意見一致，可是後來卻在無意中往不同的方向發展。

微壓力2：同事的工作表現略有不足

微壓力的另一個重要來源是不可靠的同事，但是其方式和你所以為的不同。對我們造成傷害的並不是那些偷懶的人，因為他們通常會被組織中的績效管理和人才管理程序給淘汰。更多的時候，問題出現在本意良好的隊友在工作表現上的小失誤以出人意料的方式累積起來。大多數人都要同時處理許多事，被各種責任壓得喘不過氣來，乃至於我們會忘記、落後或是希望表現得「差強人意」就足夠了。我們會抄捷徑，所抄的捷徑看起來都不重要，最後卻不僅影響了我們自己的工作，也影響了同事的工作。

想像你負責一項專案，團隊中還有另外三名成員。其中一人不完全理解這項專案所需要的投入，第二個人被拉進另一項重要的專案，對這項專案投入的時間少於預期，而第三個人則更看重一場銷售會議迫在眉睫的截止期限，而對你負責的專案敷衍了事。在這種情況下，這三個人在你負責的專案上可能都表現得略有不足，比如說比預期的表現差了百分之五。這些疏失也許表現為在蒐集其他成員所需要的數據時有所耽擱、沒有校對一份報告的草稿、忽略了所需要的跨部門資源……等等。

單獨來看，這些小疏失似乎並不重要。可是對你或是對專案成果來說，這些疏失並不小。你覺得自己必須替這個專案負責，或是不希望自己的名聲由於團隊表現欠佳而受損。於是你挺身而出，來彌補同事的不足——幾乎總是這樣。為此，你可能需要在已經滿檔的時間表上再添加百分之十五的工作，更別提你得要打亂自己在這個專案之外的工作。有許多人甚至根本不會去向同事抱怨這些缺失，就只是埋頭苦幹，化險為夷。

此處的微壓力——同事的工作表現只比你期望他們做到的差了一點，也會影響未來的工作。現在你不僅得要在本身的工作之外再做額外的工作，還把同事訓練成只要付出百分之九十五的努力就夠了——如果他們同時要處理的事情太多，也許下一次就只會付出百分之九十的努力。當他們太過忙碌或是無法專心，他們知道你會彌補他們的不足。而在某種程度上，這是因為你挺身而出替他們收拾殘局而造成的！你在本身的工作之外還被他們的工作淹沒，所產生的外溢效應也會影響你的其他工作、你的家庭生活、你跟主管的關係……等等。

在最好的情況下，意識到你在自己的工作都幾乎做不完的時候還得替別人收拾殘局，這令人心情沮喪。在最糟的情況下，你可能會對那些沒能兌現承諾的人產生怨恨，而這會損害原本穩固的工作關係。「不知道為什麼，我總是要替那些沒把工作完成的同事收拾殘局，」一位受訪者對我們說。「我知道他們不是故意的。我們全都忙得不可開交。可是不知道為什麼，覺得需要插手的人總是我。」

汽車業的一位資深主管庫納爾，向我們述說了他感到的挫折，當一個屬下提交了不合格的工作成果。他告訴我們：「這製造出一股怨恨和壓力，因為現在我得要做本來不該我做的事。做他們的工作使我沒時間去處理別的事，也使我沒有時間和精力去培養我的團隊。」身為經理人，他要為他團隊的工作負責。但是當團隊成員表現欠佳，他發現自己不僅得要擠出時間來替屬下做他們的工作，還要設法找時間來解決他們工作表現欠佳的問題。這種情況給庫納爾的生活又增添了另一層微壓力。他說：「這需要額外的精力，因為你得要表現出寬容，然後幾乎像蘇格拉底一樣去引導他們完成自己本該完成的準備工作。」對庫納爾來說，應付一個表現欠佳的屬下會產生計畫之外的新工作，打亂了他一天的工作，並且使他難以專注於自己的優先事項。而這還只是最直接的影響。時間一久，這種雙重職責使他心生怨恨，導致他不得不請其他團隊成員幫忙，這意味著他經常在晚上把挫折感帶回家。他知道自己把職場上的問題帶回了家裡，但他似乎擺脫不了白天的困擾。

如何消除工作表現上的小疏失

在任何一個節奏快速的組織裡，員工都必須兼顧協作專案、緊迫的截止期限和自己個人的工作，因此工作表現上的疏失在所難免。可是如果能夠及早發現並加以處理，就能避免這些疏失造成持久的微壓力影響。以下這幾個方法可以在微壓力造成更多損害之前加以預防或處理。

建立問責制。明確描述該完成的工作，每個目標該由誰來負責達成，以及成功的樣貌為何。在我們的研究中，有人使用了看板（視覺化呈現出流程中各階段的工作，用卡片代表工作項目，用欄位表示流程中的每個階段）來進行溝通，使大家的期望達成一致，而視情況而定，也還有其他許多視覺化工具可用。

在團隊會議結束之前，花幾分鐘來檢視你所使用的視覺化工具，詢問每個人目前的進度。此舉的目的在於討論小疏失時不針對個人，而把責任歸於應被究責的一方。這種做法能夠防止進一步的偏差，確保團隊對於應交付的成果有一致的標準。

及早發現問題。建立起查看同事進度的節奏，確保小疏忽能盡早被發現。及早注意到執行成果與預期成果之間的差距，使你能找出問題發生的原因，當你還有時間以能夠強化團隊關係的方式來解決根本原因並修正程序。

個別成員係由於外部壓力而無法完成任務，還是由於缺少必要的能力，這兩種情況需要以不同的方式來對應。要解決個別成員所受到的外部壓力，可能需要你寫一封電郵或打一通電話，請求其他人稍微退讓；至於那些能力上無法勝任的人，則可能需要協助他們發展能力或是幫助他們重新商定他們的職務。

檢查進度。在進度的中間點設定提醒，在大家應該完成一半工作時和他們聯繫。利用這種檢查，讓你有機會看出大家的進度，檢視他們目前的工作成果，並且確保大家都朝著正確的方向前進。

指導時間

解決工作表現上的小疏失

小錯誤有許多形式。有些疏忽只會影響你一個人，另一些疏忽則可能擾亂整個團隊。有些疏忽可能只會造成短期、有限的影響，但另一些疏忽則可能會引發連鎖反應。關鍵在於從三個層面來考量這些疏失，並且採取適當的糾正措施。

對全體工作人員的影響：

這個小疏失只會影響我一個人，還是會影響整個團隊？

❖ **只影響個人：**直接在討論中指出這個缺失。承認這只是個小疏失，提出來處理也許顯得小題大作。指出小疏失累積起來會造成的影響，以及這種累積如何影響你的職業生活和個人生活。協力解決問題，把重點放在三件事上：(1)你能在做法上做什麼改變，(2)對方能在做法上做什麼改變，(3)需要改變什麼情況才能讓這件事順利進行（例如，你是否需要跟對方的主管談一談，讓他能投入更多的時間？）。

❖ **影響整個團隊：**在團隊會議中利用社會壓力，要求大家在開始討論時重申自己的承諾、簡要說明自己的進度、簡短總結出錯之處及其原因。以這種有條理的檢查來展開會議，以建立問責的規範。會議結束前，請大家重述自己的承諾，確保眾人的期望一致。在會議中使用視覺化工具（並且在會後發布給團隊成員），替各人所應負的責任提供明確的參考資料。

頻率：這種疏失是第一次發生，還是一再出現？

❖ **第一次發生：**不要害怕及早解決小失誤。很多時候，我們會挺身而出，彌補同事的缺失，然後一邊做一邊生氣。只可惜，這樣做等於是在告訴同事你可以接受他們不全力以赴。人們有時會對自己的責任掉以輕心，不是出於壞心眼，而是因為我們每個人都要同時處理許多事，使得大多數人都會試圖弄清楚哪些球可以漏接（而非如何履行所有的承諾）。及早處理同事的第一次失誤，用輕鬆的話語來表達，並且真心願意協助，就能避免起初的小疏失變得嚴重。

❖ **一再出現：**針對這種一再出現疏失的情況和對方直接對話。然後詢問你能提供什麼協助。先說明你能做些什麼，或是能對情況作出哪些改變，以避免類似的問題一再出現。這有助於避免讓對方產生防衛心態，阻礙了有益的對話。接著再談談對方需要做些什麼來確保同樣的問題不會再發生。

程度大小：這個疏失有多嚴重？其影響會在一週之後消除，還是會在一段時間裡產生持續或嚴重的影響？

❖ **影響小，或只是暫時性的：**先表現出同理心，考慮放下心來，不要擔憂。大多數人都在有如海嘯般的個人義務和職業義務中掙扎。對你的專案造成疏失往往不是他們存心所為，而只是由於在如今這個超連結的世界上，每個人在職業上和個人生活中要滿足的需求太多。沒辦法把每件事都做好，甚至沒辦法做完。

❖ **影響大，或是會持續：**採取和你解決重複出現之失誤的同樣做法。直接和對方談談這種重複出現之失誤所造成的影響，再詢問你能提供什麼幫助。先從你能做的事說起，並且對目前的情況作出改變，以避免問題重複出現，然後再談談對方必須改變哪些做法。

微壓力3：難以預測的權威人物

來自上司、高階主管或客戶這類權威人物的不可預測行為，可能會造成微壓力暗中湧動。這裡要談的並非和一個特別難搞或不講理的人打交道——這種人物是眾所公認的壓力來源，也是你會強烈意識到的壓力來源。由於其他人對這個麻煩人物也有同樣的看法和感受，你可能會有盟友，使得這種壓力感覺上不是你所獨有。這裡要談的是一種常見、但不會讓你停下來思考的微壓力：一個本意良善的上司、客戶或利害關係人似乎在不斷地稍微更改他們要你去做的事。

不斷更動的要求或是不斷重新斟酌的決定會讓我們失去平衡，或是不確定該把精力投入何處。**優先事項究竟是這件事還是那件事？我是否該擱下一切來處理**

這件新任務？還是說這只是對方隨口說說的意見？如果你永遠無法確定上司將會處於什麼樣的情緒狀態，這種情況就會引發大量的壓力和擔憂。**她剛才不高興了嗎？他在擔心這件事辦不成嗎？我沒有看出我的團隊把事情搞砸了嗎？**你可能會對自己正在做的事考慮太多，或是為求面面俱到而完成兩倍於實際需要的工作。

而且事情不單只是你必須弄清楚該如何應付上司對你的要求。這種苦惱也會影響你與其他同事的關係。你替自己團隊的成員設定期望，而針對上司想要什麼，你根據自己的理解來完成工作（或沒有完成）。你把你認為上司想要傳達的訊息傳達給其他人。當所要傳達的訊息模糊不清，就也會影響其他人的合作。你也許會不斷調整或徹底改變你要求其他人做的事、請別人幫的忙、針對各個專案或需要交付的成果而施加的壓力和列出的優先順序。也許有同事為了完成一份複雜的分析或草案而加班，而你卻得告訴他一個壞消息，說你已經不再需要這份資料了。或是你要求同事快馬加鞭完成某件工作，而一位主管或客戶更改了優先事項，使得這件工作失去意義，造成你同事士氣低落。

新任行銷總監安東尼的那一封電郵之所以使麗塔感受到壓力，部分原因就在於不可預測。她的前任上司在和屬下舉行的例行會議中以及制訂決策上都有條不紊，可是安東尼比較隨興，而且似乎經常改變優先事項，所以麗塔總是得要手忙腳亂地跟上。結果是她經常得要請別人幫忙，或是和其他同事交換協助，以滿足他的最新要求。

典型的情況是安東尼會發一封電郵給麗塔，提出一項似乎很緊急的請求，就像本章開頭所提及有關簡報資料的那項請求。麗塔會擱下手邊的工作，設法找到一位同事來商量一下。等她把回信傳給這位主管，麗塔很少會收到回覆，哪怕只是禮貌性的回覆。她不知道自己是否已經提供了安東尼他想要的東西。如果後來發現他改變了主意，或是似乎忘了先前提出的要求，麗塔就會覺得自己完全浪費了她請同事提供的協助。然而，為了滿足安東尼的要求，她請求同事幫忙所欠下的人情還是得還。麗塔擔心別人會開始懷疑她是否知道自己在做什麼。她告訴我們：「我在工作上勝任愉快，可是那是我職業生涯中壓力最大的時期。」

即使只是知道某人可能難以預測，也會製造出不確定性，由於你預期你的計畫可能會被打亂。你會擔心起那些可能永遠不會發生的情況，投入額外的時間來替所有意外情況做好準備，而且有時候你必須捨棄已經投入了時間和精力的工作，因為隨著要求改變，這項工作已經變得沒有必要。

面對難以預測的權威人物，我們並非建議你乾脆去質疑來自對方的所有要求。但是你可以確保自己明確地傳達了意見，以免白忙一場。忙碌的主管經常同時處理多重任務，負荷過重，並不完全了解他們要求屬下做的事有協作上的需求，有時他們低估了自己所提出的要求會造成的影響。盡速確保你們對於一項請求的輕重緩急或是集體協作的工作量意見一致，就可以大大減少後階段的微壓力，但是你必須在對方提出請求時就立刻釐清這一點。

我們在研究中學到了一個快速方法，可確保你們在處理請求時協調一致。為了即時衡量這項要求的重要性，請你的主管用十分制給這件新要求打分數。例如：

1表示「我知道這可能是個天馬行空的想法，但是我希望你能先記在心裡。」

5表示「這是我們將來需要探討的事。」

10表示「這是當務之急。我希望你現在就著手處理這件事，我明白這將優先於其他工作。」

然後你可以自行評估這個想法在執行上的難度，來反駁主管給的5分或10分。這樣一來，你的主管就會明白要完成這項任務所需要作的取捨。這種評分做法可以幫助你和主管迅速進行釐清事態的對話，確保你和主管都同意你該優先處理的事項以及善用你時間的最佳方式。

把主管交代的所有請求（及其評分）都記錄下來。以視覺化的方式呈現出優先事項，有助於主管了解他所提出之請求的整個範圍，從而更策略性地作出決定。如果沒有用視覺化的方式來呈現，那些任務個別來看似乎都是小事。當你用視覺化的方式把這些任務和所有其他正在處理的要求一併呈現出來，就能更清楚地看出其影響。

應付難以預測之權威人物的幾個策略

即使是本意良善的主管也可能會在無意間引發微壓力造成的混亂，如果他們沒有停下來思考自己的要求可能造成的後果。事實上，如果你習慣了總是說「好」，就可能使情況變得更糟，不管是對你還是你的主管來說。

了解他們的思考方式

你無須等待你的主管明白他所作的要求不合理。你可以先花點時間了解你的主管，了解他的成功取決於什麼。如果你能夠更了解他們的需求和痛點，就能預期事情可能會如何變化。

花時間了解驅動你團隊工作的大背景，了解主管對你和你團隊的想法。如果更加了解你主管作決策的方法、盲點以及驅動其行為的優先事項，你可能就會發現要預測主管的決定變得比較容易。這份理解也有助於你提出反對意見，讓習慣輕易接受上級指示的主管轉而願意維護你和你的團隊。

在收到要求時重新調整時間和優先順序

培養出一個習慣：弄清楚要做好一件事所需要的時間和資源。這種評估能建立起一個重要的基準，可以用來對照你收到的新要求。這樣一來，如果主管的要求有了改變，你就更能夠和主管進行考慮周詳的談話，關於要完成一件新要求所需要的時間，以及哪些優先順序可能需要改變。

讓利害關係人參與這種重新調整的過程，可能會使他們減少要求的內容，或是替你卸下其他的工作。久而久之，這也能訓練他們更清楚自己提出的要求所造成的影響，並且減少他們改變方向的次數。

管理自己的情緒

在應付難以預測的變動時，控制好自己的情緒。不要堅持自己是對的，不要反應過度，也不要動怒。

不要把主管視為問題的來源，而要考慮到他們本身可能也接到處理不完的要求。如果你重視彼此的關係，就設法找到正面的方式來解決那些看似不合理的要求。

減少低效的通訊方式

我們都會抱怨電子郵件（或即時訊息還是其他千百種協作科技工具）的數量太多、使用頻率太高，不管是在職場上還是個人生活中。但實際上，令我們不堪負荷的並不是特定的科技平台（像是電子郵件或簡訊），而是相關的文化與規範，關於使用這些平台的時機與方式。

事實上，我們在研究中發現的所有微壓力當中，低效的通訊方式可能是最常見的一種，它消耗了我們的個人能力，因為這種微壓力以幾分鐘、甚至是幾秒鐘為單位向我們襲來，但卻會持續數小時乃至數天。這種情況由於新冠肺炎的疫情而更加惡化，由於我們的每一天通常都擠滿了時間短卻更加緊張的會議，這些會議充滿了微壓力。研究發現，低頭看簡訊這個簡單的動作就會消耗我們六十四秒鐘的注意力，當我們試圖重新專注於一場會議或是一個我們正在設法解決的問題。如果受到的干擾太大，使我們的思緒中斷，那麼要完全恢復思考速度可能需要二十分鐘！

請自行快速估算一下，昨天你遇到了多少次小干擾？又經歷了多少次大干擾，當你試圖對其他人作出回應——就像麗塔的同事，他們擱下了所有的事來回應她的請求，當她請他們協助她回應行銷總監的要求。這加起來是多少時間？看似微小的微壓力就是這樣分割了我們的時間。如果不刻意去規範在生活中與其他人的通訊，你就使自己（還有你的同事）注定要熬夜、早起、承受不必要之微壓力的不斷打擊！

通訊上的微壓力來自於你覺得必須迅速回覆簡訊、即時訊息和電子郵件。即使是本意在於使你的生活更輕鬆的通訊工具，例如視訊會議，最終也會抹去你的個人界線，降低你同時處理多件事情的能力，使你無法只在必要時才加入談話，這都會使你的生活變得更辛苦。到最後，你會相當焦慮，由於你覺得自己需要專注於數不清的數位對話，在我們每天需要密切關注的平均九個通訊平台上。在我們訪談過的人當中，有許多人告訴我們在典型的一天裡，他們甚至要到下午五點或更晚才能開始做自己的工作，因為他們一整天都忙著開會或回覆電子郵件。

而這麼晚才開始做自己的工作，通常意味著在你的小孩上床睡覺之後，或是在你花了一點點時間和伴侶相處之後，你就得再加班工作。我們訪談過的許多高成就人士，都把這當成既定的工作模式，說服自己是他們選擇了以這種方式來工作。「我願意在深夜加班，因為這讓我能夠和家人共進晚餐。」或是「我習慣早起。我會在清晨四點半起床，在一天開始之前把事情做完。」但是這不該是平衡工作與生活的唯一方式。

人們總是驚訝於小小的改變就能帶來很大的差別。例如，一位受訪者和我們分享了一個簡單的程序，大大改變了她團隊中大量的低效通訊。她把團隊找來召開了一次簡短的會議，展示了一張有三個欄位的投影片。在第一欄裡，她列出了團隊目前協作的方式，包括電子郵件、Slack、他們團隊內部的協作空間……等等。

在第二欄中，她詢問了大家想要遵循的做法。在電子郵件那一項，她寫下三點：「在主旨中寫明要求和時間表」，「盡可能用重點提示，不要長篇大論」，以及「如果感覺到意見有分歧，就不要再寫電郵，而改用電話或視訊」。

在第三欄裡，她請大家考慮，作為一個團隊，哪些現行做法是他們希望停止的。她也先從電子郵件這一項開始：「晚上十點以後不要再發電子郵件，避免期望要對方立即回覆；必要時設定為延後發送」，「不要習慣性地把副本傳送給全體組員」等等。大家立刻對她製作的這張表作出回應，在第一欄中添加了他們用於協作的其他方式，例如視訊通話、電話和會議，接著提出了其他要做的事和希望停止去做的事（表 2-1）。這番檢討只花了不到一小時，可是每個人都因為自己這一次可以稍微擁有掌控權而感到振奮，對自己過去陷入的行為習慣感到好笑，例如總是習慣性地「回覆所有人」，使每個人都得不停地回覆一句「聽起來不錯」或是「謝謝」。

她告訴我們：「我想我們設法替大家實實在在地省下了一些時間。」事實上，我們幫她計算了一下，這個簡單的舉動至少替她省下了百分之八的時間，有時候一個星期下來就節省了四、五個小時。但更重要的是，這也同樣替她團隊中的每個人節省了時間。她告訴我們：「我原本以為只有我總是忙不過來，可是有個我認為超級自信的高績效員工私底下告訴我，說她每天都要損失一、兩個小時，工作直到深夜，試圖傳送副本給每個人或是對其他人作出回應。這個簡單的舉措讓我重獲新生。」

表 2-1｜由團隊來共同檢討協作方式：如何解決通訊過量的問題

目前的協作方式	我們想採行的做法	我們想停止的做法
電子郵件	• 在主旨中寫明要求和時間表 • 盡可能用重點提示，不要長篇大論 • 如果感覺到意見有分歧，就不要再寫電郵，而改用電話或視訊	• 不要習慣性地把副本傳送給全體組員 • 不要寫冗長的電郵來釐清你自己的思緒 • 不要把你的請求藏在郵件的第八段裡 • 晚上十點以後不要再發電子郵件，避免期望要對方立即回覆；必要時設定為延後發送
會議		
即時通訊		
團隊協作空間		
視訊會議		

微壓力4：低效的溝通方式

大多數人都會陷入自己所屬團隊或組織的既有規範，而沒有停下來思考是否有更有效的溝通方式。但是有幾個策略能幫助你修正方向。

削減協作義務：主動調整你本身的協作工作

檢視你過去這四個月的行事曆，看看有哪些例行性的資訊請求、決定和互動已經成為你職責的一部分，而你可以轉交給那些工作連結比較少的人，以減少別人對你的要求，並且把這些人拉進人際網路中。再看看接下來兩個月有哪些經常性會議的時間可以縮減、開會間隔可以拉得更長，或是有可能取消。不要只著眼於那些使你負荷過重的大項目，也找出那些累積起來能替你省下許多時間的小項目，如果你把事情委派給其他人或是調整你的職務，讓你從這些互動中抽身。

減少對外的通訊：注意你本身的通訊模式

如果你所屬組織所使用的協作科技可以分析使用者的使用習慣，請檢視你自己的使用習慣，以確保你沒有讓同事淹沒在電子郵件、簡訊和會議中。也可以和工作類似的同儕交流，以了解他們的通訊節奏和發送電子郵件的準則。

如果你寄出長篇電子郵件的頻率遠高於其他人，那麼，你那些鉅細靡遺的請求或模稜兩可的指示很可能會導致對方又向你提出更多要求。控制通訊的步調和數量，可以減輕其他人的壓力，也會減輕你自己的壓力。

檢查你是否習慣凡事都要參一腳

謹防自己習慣在不該參與的時候跳進去參與。由於我們從成就中得到滿足，我們經常因此而給自己惹來麻煩。我們喜歡被公認為是專家，或是從幫助別人獲得成就感。我們也可能出於害怕而跳進去參與——害怕被貼上「表現欠佳」的標籤，或是害怕錯過了機會。如果由於需要自我認同、害怕、或是過度想要掌控一切，而去參與不必要的協作，就會使自己負荷過重，效率較高的協作者更容易意識到自己有這種傾向，也會努力加以抑制。

微壓力5：責任增加

你要負責的事情愈多，微壓力就愈容易出現，並且以意想不到的方式滲透到你生活的各個部分：生養小孩、搬家、適應一份新工作、承接一件重要的志工活動……等等。大多數人都意識到這些責任對我們的生活造成的影響，而當這些重大轉變發生時，家人和朋友會站出來支援我們。可是責任增加也會以較小的規模出現。不同於生活中的重大轉變，當微壓力增加，我們就只是把額外的責任塞進已經滿檔的日程表中，並未去思考自己所承擔的累積負荷。

職場上責任增加導致的微壓力，往往由於與別人協作所需要的時間而更加惡化。當我們全都被要求要靈活行事、同時處理多項任務、身兼數個跨職能團隊的成員、回應來自管理階層和顧客的即時要求。這些激增的工作量往往來自看似簡單、卻沒有考慮到其複雜性的要求。從所需要的工作來看，兩個專案可能看似完全相同。可是如果其中一個涉及橫跨兩個時區的三個部門、兩個互相看不順眼的主管，還需要一個工作優先事項不同的單位提供資源，那就另當別論了。這樣的專案，比起團隊人數相同、但是全都在一個單位裡的情況，所產生的工作量會大得多。責任增加之所以會產生壓力不僅是由於實際的工作，也由於這件任務的協作足跡。

責任增加也會發生在我們的個人生活中，而且不總是來自小家庭，例如身為家長或配偶。當我們感覺到對大家庭成員應負的責任時，微壓力也會產生。我們可能會需要照顧年邁的父母，而那些沒有參與你父母日常生活的親戚若是隨便發表意見、卻沒有提供任何幫助，這份壓力就會加劇。當然，責任的增加從來不會發生在你閒來無事的時候，它們會造成一定程度的壓力，就只是因為你需要付出努力去解決。

一位受訪者描述她稱之為「家長家庭作業」的負擔，亦即小孩從學校帶回來的作業，而要小孩獨立完成這些作業，遠遠超出了他們的能力。這些任務需要規劃和準備，往往迫使你在最後一刻出門去採買用品。（你曾經試過在晚上八點以後去買廣告紙板嗎？）而這些作業似乎總是來得無聲無息。例如，孩子在週五晚上告訴你週一要交一份重要的報告，而你的週末已經計畫滿檔。在已經排滿的待辦事項清單中，即使只添加這樣一件額外任務，也會給全家人都帶來壓力。小孩由於你對這件任務的不耐煩或沮喪而感覺到壓力。你的配偶也感覺到壓力，由於你完成這件任務很吃力，或是要求配偶出面處理。你可能會在工作上打馬虎眼，因為這件突然出現的「家長作業」令你分心或感到沮喪，而且這股壓力會持續在你的生活中產生漣漪效應。

由於責任增加而產生的第二波效應可能格外具有破壞力。工作上的責任增加已經夠糟了，可是更令人痛苦的也許是這會滲入你在家時的壓力。當工作上的微壓力耗盡你的心力，你在家裡就無法表現出最好的一面。你可能會加班到很晚，或是從家庭義務中抽身，令每個人都失望。即使只是你在家時沒能全心關注家人，也會深深影響全家人的日常幸福。每個人都感受得到。而家庭責任的增加則難免會在工作上製造出壓力，不管是因為你必須更努力工作，還是因為你需要處理職場生活與家庭生活中截然不同的各種需求。在深夜和清晨工作對你的大腦不利；皮質醇（俗稱「壓力荷爾蒙」）的含量增加，而你感到筋疲力竭。當你一直處於命懸一線的狀態，你很難在職場上和家庭裡拿出應有的表現。

這些壓力已經變得司空見慣，乃至於許多人的生活就是一連串微幅增加的責任，迫使他們以減少損害的方式去回應。一位受訪者告訴我們，說週日上午成為她最喜歡的工作時間。她原本喜歡上教堂，享受這件活動的精神層面和社交層面，可是如今她沒空去上教堂了。在週日上午，她可能是一週以來第一次好好睡了一覺，然後可以在家人醒來之前擠出幾個小時來工作。在我們討論了她日常生活中的微壓力之前，她甚至沒有意識到自己為了讓週日成為她的最佳工作日而擱下了多少事情。

要抵擋造成你責任增加的微壓力，以下是幾個策略

你不總是能夠掌控別人要求你去做的事，但是你可以掌控你要如何回應。你不必習慣性地說「好」，而可以採取一些應對方式，幫助你防止所增加的責任支配了你的生活。

抵擋不合理的要求

在別人開口之前，就先澄清你能添加的獨特價值，設定期望值。這樣一來，你能確保對方不會要求你處理在你專業領域之外的事。如果可能，設法把工作轉交給更有能力處理這項需求的人。如果別人的要求不合理，要更有自信地推卻。最後，利用你的人脈來取得權威人物的意見或數據，以及專家的支持，讓你在推卻不合理的要求時能提出合理的觀點。

指導時間

記錄你生活中增加的責任

為了更加了解責任增加（即使是微幅增加）會對你的生活產生什麼影響，請記下它們會需要你多花多少時間。個別來看，它們可能都微不足道，可是當你把它們全都列在一張紙上，累積起來的負面影響可能就更為明顯。使用類似表 2-2 的表格範例，以製作出有用的視覺化概覽。

1. **想一想責任增加使你需要多花的時間。**在職場上，這種責任增加可能表現為一個新專案的協作足跡大於預期、升職或調職、需要頂替一位有其他優先事項要處理的同事或是離職的同事。在個人生活上，可能是有朋友或家人正遭受挫折，你可能要在一個與工作無關、但是對你的身分認同很重要的團體中肩負起領導者的角色，或是你正在應付有所改變的家庭責任。
2. **想一想這個責任增加會影響到的所有人際關係**，以及這些影響可能給你帶來的微壓力。設法看出一次責任增加會如何影響你在職場上和個人生活中的人際關係，以及如何給你的職場生活和個人生活帶來壓力。

3. **弄清楚這些受影響的人際關係如何消耗你的能力，從而製造出微壓力。**直接影響和後續影響都要考慮到。例如，當你在工作上盡力應付一項意料之外的責任，想一想這對你個人的人際關係會產生的影響。你不僅可能會給家人的生活添加壓力，而且當你忙於工作，也可能會忽視了朋友和你生活中其他重要的人際關係。
4. **找出可能會有幫助的行動。**這些行動可能需要你調整工作、替這項任務取得額外的資源來支援你處理增加的責任，或是改變與受到影響之人的互動。在下一節裡我們會替這個步驟提出幾個實用的建議。

表 2-2｜個人微壓力表範例

第一步 **職業生活或個人生活上的責任增加**	• 輪調到新的業務單位，這是高潛力員工職涯發展的必經途徑	• 小孩在學校裡忽然遇到困難
第二步 **責任增加所涉及的人際關係**	• 新主管 • 新團隊 • 配偶（承擔更多責任，因為你負荷過重） • 小孩（因為你陪伴他們的時間變少了）	• 小孩 • 配偶 • 老師 • 小孩的兄弟姊妹
第三步 **這些接觸點如何產生微壓力**	• 投入更多時間以了解職務並建立信賴 • 花時間了解團隊的能力和抱負 • 把你想花在自己身上的時間用來彌補與家人相處時間的不足	• 花時間了解孩子的困難（並且和配偶討論） • 和老師互動，評估需要關切的事，並且規劃未來的路 • 挪用了陪伴其他子女的時間以及能製造出正面家庭氣氛的互動時間
第四步 **能減輕這些影響的辦法**	• 策略性地專注於能夠培養能力和建立善意信賴的行為 • 利用前任領導者的專業知識來了解團隊 • 在家裡取得額外的協助（例如使用清潔服務或雜貨配送服務），以便在責任增加期間替自己騰出時間	• 讓全家人都參與討論，以診斷出問題，並且創造出支持鼓勵的環境 • 請老師提供更及時的反饋意見 • 找家教來協助孩子，把家教的角色和父母的角色區分開來

讓別人要求你負起責任

在生活中要有幾個人會要求你不要隨便答應別人提出的請求。即使是善意的同事，你願意付出多少，他們都會接受。比較快樂的人往往會有人幫助他們作出自覺的決定，決定自己該付出什麼、什麼不值得付出。

在你考慮是否要作出重大的新承諾時，你生命中的重要人物（例如配偶或是你尊敬的其他家人）能夠提供你一種平衡的力量。他們能夠凸顯個人時間與家庭時間的重要性，來糾正你讓工作占滿所有可用時間的傾向。

重新協商你的職責範圍

當你被要求去處理大幅增加的工作，當下就立刻重新協商工作上的其他要求。與其不假思索地增加自己的工作量，不如利用這個轉折點來取得同意，關於你可以卸下哪些工作，或是你可以得到哪些資源，讓你能做到這項新要求。

在我們的職業生活和個人生活中，損耗我們能力的人際互動所產生的微壓力普遍存在，並且對我們造成巨大的損害。最後使我們必須付出比預期更多的努力來做一件事，連帶對我們生活的其他方面造成影響，或是作出的成果欠佳。這兩種情況都會立刻對我們造成壓力，而且鑑於我們如今生活互相連結的程度很高，也都會帶來第二波壓力。而有目標的行動能夠產生顯著的影響，一如也能對下一類微壓力產生影響：耗盡我們情緒儲備的微壓力。

Chapter 3

為什麼其他人耗盡你的精力

耗盡你情緒儲備的微壓力

主要洞見

- 過去這十年來，導致情緒耗竭的職場互動以幾何級數成長。**可是最消耗情緒的微壓力可能來自我們深切關心的人**，包括最親近的同事、朋友和家人。
- **五種常見的微壓力**會消耗我們的情緒儲備，但不總是明顯可見，儘管它們經常在我們的生活中迴盪好幾個小時或好幾天。
  - ○ 擔任管理職以及維護屬下
  - ○ 衝突性的談話

○缺乏信賴
○二手壓力
○有人玩弄政治手腕

❖ **我們的大腦對於周圍之人的情緒非常敏感。**我們會因為其他人緊張或焦慮而變得緊張或焦慮。當我們的心思被這種微壓力占據，我們會擔心、會反覆思索、會吸收這種微壓力，並且又把它傳給別人。

❖ **藉由改變你與人互動的方式，來抵擋消耗情緒的微壓力。**多花時間和那些帶給你能量與歡樂的人相處，少和那些使你情緒低落的人接觸。在某些情況下，面對那些長期帶來負面影響的人，你可能需要結束你和他們的關係。

❖ **研究發現，負面的互動所造成的影響是正面互動的五倍。**即使只移除少數幾個負面的人際關係，也能大幅改善你所受到的整體微壓力。

艾瑪很高興受聘在一家全國性的媒體公司擔任高階主管。這份工作需要她搬到另一座城市，但是她對這份新職務和該公司的使命充滿熱忱，足以抵銷搬家帶來的壓力。然而，才上任沒幾天，艾瑪就看出有一位新同事顯然不太適應她的存在。每天早上，艾瑪的收件匣就塞滿了這位同事寄發的電郵，經常是在上午八點之前就已經寄出。如果她回覆得不夠快，這位同事就會在會議中對她提出各種問題。如果她沒有查看電郵信箱，對方就經常會在Slack上重複他的請求。個別來看，這些提問並非不合理，都是些後勤上的小問題。可是這位新同事似乎無法適應艾瑪的領導。她召開的員工會議經常從她預定的優先事項轉移到這位焦慮的同事所引發的意外問答。她默默忍受這種微妙的糾纏，試圖用令人放心的回答來安撫對方。畢竟她正在努力建立自己身為新主管的地位。如果這份新職務看似基本的要求就把她弄得手忙腳亂，她的新團隊會怎麼看待她？

她沒有和家人分享這份夢寐以求的新工作所帶來的興奮，而是在晚餐時一直抱怨這位同事。她丈夫立刻就表示她的感受是合理的，可是他的反應最終卻強化了她的感覺，認為自己被這個咄咄逼人的同事欺負，使她每天進辦公室時都懷著愈來愈大的焦慮。她開始懷疑自己的決心，懷疑自己是否準備好擔任這份新職務。她想，如果她解釋說是這位同事不斷提出的問題逼得她快要崩潰，聽在外人耳中會很可笑。她是個經驗豐富的專業人士呀！漸漸地，艾瑪開始懷疑自己是否勝任這份工作。她花在這一位同事身上的心思要多過她花在整個團隊上的心思。在頭幾個月裡，她認真地考慮過要辭職。

乍看之下，艾瑪似乎有點反應過度——她要辭去一份夢寐以求的工作，就只因為有一位同事寄了很多電子郵件給她？可是，如果考慮到耗損我們情緒儲備之微壓力所造成的損害，我們就不會這麼想了。這種形式的微壓力具有傳染性。單單只是待在感到焦慮、壓力、甚至是倦怠的人身邊，我們就會感染這些情緒。而這些負面的信號又會反過來對我們造成超乎比例的影響。

這是有原因的。

過去這十年裡，科學已經證明我們的大腦天生就會被別人的情緒感染——我們用這種方式來回應從周圍感受到的情緒。情緒係由鏡像神經元所構成的無線網路來傳播，鏡像神經元是大腦的微小組成部分，使我們能夠和其他人起共鳴，能夠理解別人的感受。這就是為什麼當你看見有人在打呵欠，你就也會想要打呵欠。單單是看見有人在打呵欠，就會活化我們腦中的鏡像神經元。你的大腦會接收到坐在房間另一頭的某人的疲勞反應。同樣的情況也會發生在微笑或大笑時——當我們看見別人在笑，我們的鏡像神經元就會被觸發。但我們也會接收到負面情緒、壓力和不安，就像吸進二手菸一樣。根據加州大學河濱分校教授霍華．傅利曼（Howard S. Friedman）和隆納．瑞吉歐（Ronald Riggio）的研究，如果在你的視線範圍內有人焦慮不安而且明顯流露出來——不管是以言語還是非言語的溝通方式，你很可能也會感受到那些情緒，從而對你大腦的工作表現產生負面影響。

耗竭你情緒儲備的微壓力

就像艾瑪，我們訪談過的那些領導者都表達出由於衝突性談話、政治手腕、擔心自己有所不足而令團隊失望所引起的嚴重焦慮。誰不曾讓一位同事隨口說出的評論或批評在心中久久迴盪，氣自己當時沒有說出該說的話？

微壓力的來源並非全面政治鬥爭的結果，也不是因為有人存心造成你的痛苦。微壓力是隱約而微妙的，由你日常生活中的人所引發，所以才會難以發現和管理。在本章中，我們將協助你辨識五種耗竭你情緒儲備的微壓力，診斷出它們通常從何而來，並且提供你能採行的實用步驟，來抵擋或重塑你的人際互動，以減少情緒上的損害。

微壓力6：擔任管理職和維護屬下

晉升至管理職應該是件開心的事，可是管理屬下並且覺得必須對他們的成功與福祉負責，這會以獨特的方式消耗我們的情緒儲備，當我們管理績效表現、給出批評意見或是解決團隊中的衝突。沒有哪個管理者喜歡在績效考核時給出低分。即使順利完成了，這項任務也會在考核之前、考核期間和考核之後令你傷神。我們會擔心屬下如何看待我們的反饋意見，擔心自己是否公平，擔心這對表現欠佳者會造成的影響，擔心這在將來會如何影響這份關係。自覺要替別人在職場上的成功負責，單是應付這個日復一日的挑戰就可能給我們帶來大量的微壓力。

焦慮來自於我們擔心會在個人生活和職場上令別人失望，尤其是當事情涉及組織裡我們無法掌控的情況。一位經理人向我們抱怨：「我很難替年度表現出色的團隊成員爭取到額外的加薪，因為我們公司的作風就是這樣。當我按照規定說出何以加薪百分之三就表示他們工作優異，我的心裡總是很難受。」

在管理屬下、關心屬下和維護屬下時也會產生次級的微壓力。這些次級微壓力可能有好幾種形式：

- **對屬下的指導和培養不足**：我們知道自己應該花時間來指導和激勵手下團隊，但就是沒空去做。如同一位受訪者所說：「團隊中資淺成員要花三小時才能完成的事，我一個小時就能做完。對我來說，自己動手更有效率。」

沒有用心去指導屬下，短期而言或許很省事，但是長期而言，這會製造出許多其他的問題。如果沒有花時間幫助你的團隊成員成長，你不僅會令他們失望，也會讓自己過得更辛苦，因為你沒有讓團隊培養出獲得成功所需要的技能。事實上，你會無限期地讓自己的工作變得更辛苦。而由於你所關心的同事在職業生涯上難以有所進展，他們的壓力和焦慮就會反彈到你身上。他們會減少對你的專案所付出的努力和創意，在極端的情況下，他們也許會離開，但是那是在你長時間替他們承擔了某些工作（以及相應的微壓力）之後。

- **消耗政治資本：**當你替屬下爭取獎金或升職，你可能會與其他同事或你的主管產生摩擦。你可能得要為了有限的晉升名額或獎金額度而戰。而且一旦你所支持的人獲得晉升，他們未來的表現就會反映出你的判斷是否正確。如果他們表現欠佳，就會令你感到焦慮。即使只是在一位資深同事對你屬下的評價與你不同時，維護你的屬下也會對你造成微壓力。
- **把自己放在末位：**試想，當你下班回家時，一股微壓力在你腦中盤旋，起因是你同事在你通勤途中傳來的一則簡訊。如果你覺得有義務幫助你的同事，可能會讓你在晚上和週末都還得工作，而你剩餘的精力會優先考慮家人的需要，而非你本身的需要。優先考慮別人當然是種高尚的行為，但其代價是你會減少那些能夠化解你本身承受之微壓力的人際互動和活動。

試想拉奧的情況，當一位自詡為變革推動者的新主管問起他手下團隊的工作績效。拉奧在這家金融服務公司工作了二十年，多年來曾幫助手下團隊平安度過多次改組和裁員，而他的組員信賴他能讓他們遠離公司內部的政治紛爭。

拉奧的新主管希望看見他的部門在和供應商的關係上有所創新，似乎在暗示拉奧的團隊無法勝任愉快。主管每提出一個問題，哪怕只是隨口問問，拉奧就開始覺得想要保護他的團隊。他發現自己花了太多時間來思考該如何改善主管對他們的看法。他開始想像出團隊中似乎沒有別人看出的問題，插手協助他的團隊完成專案，或是投入過多自己的時間，以確保與他們合作的其他部門覺得他的團隊回應積極。

隨著夜間和週末的工作愈堆愈多，拉奧開始看出，他本能地試圖保護自己的團隊，這不僅累壞了他，也使得他的團隊變得脆弱。拉奧告訴我們：「我太擔心他們了，乃至於我會插手去解決可能根本不是問題的問題，而且我這樣做的次數太多了。」

管理屬下、關心屬下和維護屬下的幾個策略

關心和你共事之人是你受到同事尊重的原因之一。但是這不表示你得任由自己的保護欲給你製造出層層的微壓力——而且難免也會替你的團隊製造出微壓力。訣竅在於幫助你的同事成長，而不需要由你去解決他們的所有問題。

分擔責任

只要你不再試圖獨自搶先解決每個問題，你就能停止製造出微壓力。換個做法，設法在日常談話中加入指導和問責。例如，擴展傳統的一對一互動，不只是單純了解工作現況，也好好談一談對方的成長和發展。這種對話能讓屬下知道你關心他們，並且更能讓他們為自己的發展分擔責任。你的團隊可能會出乎你意料地扛起責任。你也可以把會議安排為五十分鐘（而非一小時），留些時間來快速交換反饋意見。這種即時互動能提供細膩的即時指導，微幅修正方向，幫助大家進步。

指導屬下獨立

由於你關心屬下，也希望團隊的表現反映出你身為管理者的能力，你可能會自然而然地想要保護團隊免於受到任何挫折。可是這種態度可能會給你造成一連串的微壓力，讓你無法全心專注於你自己的工作。按捺住提供指導或協助的衝動，即使這也許看似比較有效率或使你在當下感覺良好。換個做法，請屬下向你提出他們的建議，並且幫助他們找到資源來解決問題。如果有更好的人選能幫助他們培養能力，減少他們對你的依賴，就替他們牽線。或是安排以團隊為基礎的指導關係，有助於把這種互動分散到整個團隊中——讓比較有經驗的員工來提供指導。團隊成員起初也許會抗拒這些做法，如果他們已經太習慣由你來解決他們的問題，可是這會給他們的職業生涯帶來好處，也會讓你培養出團隊的能力，這些好處會超過任何短期的低效率所帶來的壞處。

坦承自己的極限

如果總是想讓每個人都滿意，就會在你身上引發一波波的微壓力：害怕讓別人失望，一直思索其他人在工作表現上的問題，擔心自己看起來像個軟弱的主管。

如果你坦率、誠實並且建立起真誠的人際關係，你就比較不會感受到微壓力。設法檢視你的角色和職責，以免讓自己負荷過重。和相關人員說明你能用在每一項職責上的時間，請他們協助確認你該專注於哪些方面，以充分善用這些時間。說到底，你能替你的團隊做的事是有限度的；每一天，你都必須選擇一個「關機」的時間點，說「我今天已經竭盡所能了」。允許自己在一天結束時「關機」，這不僅能讓你不至於在夜裡把所有的微壓力都帶回家，也能向同事發出強而有力的信號，讓他們知道他們也可以「到此為止」。有一位經理人如果隔天必須在家裡等候修理工人前來或是處理小孩的看診事宜，通常都會告知他的團隊，他藉此傳達出的訊息是：偶爾專注於個人的優先事項也沒有關係。

指導時間

避免會引發微壓力的因素

你是否在無意間用善意的保護行為給你所關心的人造成了微壓力？在職場上，當我們過度保護屬下，就會造成微壓力。他們學會了不去獨立思考，向我們提出愈來愈多的小問題，使我們的時間變得支離破碎。當我們過度保護子女，或是過度同情朋友，而我們所用的方式無法幫助他們在困境中成長，就也會造成個人的微壓力。結果是我們的子女或朋友將來會更加依賴我們。如同拉奧所意識到的，這種過度保護的行為幾乎總是會適得其反。藉由回答表 3-1 和 3-2 中的問題，拉奧看出自己是如何引發了其他人的微壓力，然後修正了自己的行為。首要的問題是：你給誰造成了微壓力？

表 3-1 和 3-2 呈現出一位高績效員工如何審視自己在無意中給別人造成的微壓力。這個練習能幫助你反省自己在哪些互動和行為中可能越線了——造成了微壓力，也妨礙了你生活中的人利用機會來成長。

表 3-1 ｜你在職場上給誰造成了微壓力？

你正在做的事	你能做的改變
受影響的團體：我的團隊	
在事後批評你的團隊：我預料會有問題出現或是在事後批評他們的決定，卻從未讓他們明白我為何擔心，從而破壞了屬下的信心。	挑選機會，低調地委派工作給屬下，然後就不要插手。為屬下展現出的創意喝采，不要說自己會有什麼不同的做法。
受影響的人：我的主管	
我提供的幫助超出了我的能力範圍：出於好意，我接下了超出我和手下團隊能力範圍的工作。諷刺的是，這最終會令我的主管失望。這種習慣也會在我的團隊中製造出次級壓力，由於他們不堪負荷，而且無法以令他們滿意的品質水準完成工作。這也會在家裡製造出次級壓力，由於得要熬夜工作，以及沒能盡到在家庭中應盡的義務。	幫助主管了解他所分派的任務整體而言需要多少協作和工作，利用主管提出要求的那一刻，來確定目前所有工作的真正優先順序，以免讓自己和手下團隊負擔過重，也幫助主管日後在分派任務時考慮得更為周全。
受影響的團體：我的同儕	
自願為太多人提供幫助：在新職務上我致力於建立同儕人脈，藉由了解他們工作中最重要的優先事項和痛點，然後表示願意協助。這個策略能有效地幫助我完全融入團隊和公司，可是如今我負荷過重，吃不消了。結果，我不僅沒有幫到同儕的忙，反而令他們失望，由於我作出了無法兌現的承諾，去協助與我本身職涯發展並不相符的工作。我看不出這對任何人會有好處。如果與我的目標和我所想要的職涯路徑不相符，我就該減少自願提供的協助和資源。	花時間弄清楚我想用在工作上的三至五種能力，以及我想在職業生涯中體驗到的價值。在無法發展這些抱負的情況下，就要慎防自己跳出來提供協助。更積極地安排能滿足自己這些願望的會議和工作。

表 3-2 ｜你在家裡給誰造成了微壓力？

你正在做的事	你能做的改變
受影響的團體或個人：伴侶	
助長受到傷害的感覺：在與伴侶互動時，我過度強調同理心，可是沒有和伴侶討論接下來的道路，以補充這些互動。這在當下感覺良好，因為我在支持伴侶。可是這會使得愈來愈多的互動回到我身上，因為伴侶沒有看出（或承認）自己所製造出的那一部分問題，而進一步陷入受害者模式。	不管是在一次互動還是多次互動中，我們會講好在討論時設定一個時間點，讓我們從展現同理心轉為解決問題。我們會設定一個暗號，要求彼此都要負責創造出真正有益的互動，而不是任由微壓力繼續存在。
受影響的團體或個人：好友	
為了朋友而二十四小時待命：我陷入了這樣一種模式，不論白天夜晚，我都會隨時替一位好友提供協助。她剛剛經歷難熬的離婚，而我幫助她度過人生的這個階段。可是當情況穩定下來，她變得過度依賴我的幫助，這不僅使我和她互動的壓力更大，也使我令自己的家人失望，並且讓我忽略了自己生活中的優先事項。	我會多問她一些問題，問她認為自己需要做些什麼，而不要急於插手幫忙。這樣一來，我能幫助她看出自己的問題並設法解決，而不是依賴我去替她解決。
受影響的團體或個人：子女	
解決每一個問題：對於我家老二該如何善用他的天賦，我變得指導過度。我認為自己這樣做是在保護他的前途，讓他留心能讓他進入一流學府的課業活動和課外活動。可是，對於什麼是有助於他成功的最佳途徑，我的看法（進入頂尖大學）過於狹隘，這在我們的親子關係中造成了壓力，也由於我必須幫助他協調各種活動而造成了無數的微壓力。	我將開始敦促他對自己的人生道路負起更多責任。為此，我會問他更多問題，讓他主導他認為重要的事，讓他在這些領域負起更大的責任。藉由這些努力，他將學會引導自己，而不是過度依賴我。

微壓力7：衝突性的對話

承受別人的憤怒或是在和同事或家人互動時失去冷靜，這從來都不好受。但是我們有時卻忽略了每天都會發生的較輕微、較微妙的衝突性對話。這裡談的並不是生氣的顧客或霸道的同儕，而是由每天和同事與同儕的互動所引發的微壓力：由於目標有所衝突、文化價值觀不一致，或個性有所差異。你可能會發現自己在和同事進行例行互動之後疲憊不堪，就只是因為你們解決問題的做法不同。或是你可能會過度保護自己的團隊，把其他團隊主管隨口說出的意見解讀成對你團隊的批評，雖然對方也許並無批評之意。你的防備心總是太重，雖然你並不想這樣。

玉涵目前在一家全球物流公司擔任財務經理，她和我們分享了一長串她必須面對的小衝突。她告訴我們：「這些小衝突就只是我工作的一部分，可是這種互動毀掉了我的一天。我會一再回想自己當時該怎麼做會更有效，而且我會帶著這個念頭回家，繼續想個沒完，甚至一整個週末都在想。其實，我應該要全心關注我的家庭。」經常有同事向她抱怨預算被削減或是開支被質疑，而她得要作出回應，即使作決定的人並不是她。她說：「我的公司正在成長，在這樣的公司裡，這些對話都稀鬆平常。可是一個星期或一個月下來，這些對話累積起來就令我感到疲憊。」

在努力完成工作的過程中，我們會發現自己以無數種方式和另一些努力完成工作的人起了微妙的衝突。也許你受到一個同事質疑，因為他的績效獎勵和你不同，或是你在設法應付周圍的人在工作風格上的差異。個別來說，看在外人眼裡，這些微壓力時刻可能就像是工作上的例行交流，但是它們可能會造成你的焦慮或是久久無法消散的憤怒。你發現自己甚至在起衝突之前就開始擔心——考慮你該如何回答、該怎麼做才能確保你不會被對方碾壓。或是你可能不喜歡自己在當下處理衝突的方式，因為你失去了冷靜，用不恰當的莽撞行為來回應，或者就只是沒有清楚地表達你的觀點。而在一番起衝突的對話之後，大多數人都會在腦海中重播所發生的事，放大我們自覺受到的委屈，或是懊惱自己在當下沒能說出該說的話。即使是隱約的衝突也會在這一天剩餘的時間裡挑起我們的情緒，而且也會引發一連串的次級微壓力，包括：

- **情緒疲勞**：做額外的工作來替這番對話做準備，以及在腦中管控對這次互動（哪怕只是個小摩擦）的預期，都會令人筋疲力盡。誰不曾在半夜醒來，在腦中重播一番對話，但願自己在當時處理得更好，然後在這個過程中緊繃起來？這些影響可能會持續好幾天。你忍不住一直去回想那次對話，而當你把這種二手壓力傳染給身邊的同事，他們的精力和專注力也會受到影響。

- **沒有解決的緊張關係：**即使是小衝突也會額外製造出緊張關係，由於你需要進一步去確保所討論的事有所進展，或是問題的確獲得了解決。在工作關係中多了幾分拘謹和缺少信賴，會使緊張關係在最初的衝突之後還持續很久。你可能會發現同事設法盡量避免和你一起工作，這種壓力會影響你的名聲以及在職場上的發展機會。

- **擾亂了個人生活：**許多人都習慣在心裡預習自己將遭遇的衝突，然後向伴侶或家人重播，以釋放自己的情緒。可是這個習慣可能會令伴侶或家人感到挫折，因為在他們無法掌控的複雜情況中，他們自覺無力幫忙。由於我們本身情緒欠佳而造成家人的情緒波動，這可能會進一步放大我們原先感受到的壓力。

指導時間

消除衝突性對話中的微壓力

在可能發生衝突性對話之前，設法找出兩、三件你能做的事，可以讓你在每個階段——談話前、談話中、談話後——把微壓力減到最低。以下是幾個具體的建議。

起衝突之前

要防止會造成微壓力的衝突引發一連串其他的微壓力，一個最有效的方法是事先取得共識。針對想要達成的目標擁有共同的願景，能夠在一開始就減少意見不一致的風險。你可以讓職場中的許多人認同你的願景：

- **主管**：花時間了解你主管的優先事項和痛點，讓你更能夠幫助他們成功，也能減少針對預期業績發生衝突性對話的可能性。
- **同儕**：和同儕相處，要迅速找出對雙方都有利的優先事項，並且釐清共同作出的承諾，以消除引發衝突性對話的兩個常見因素：當對方沒有以應得的方式獲益，或是當同事沒有做到他們的承諾。

❖ **團隊成員：**和團隊成員保持暢通的溝通管道，鼓勵他們及早說出擔憂和問題，在這些事演變成重大爭議之前。

❖ **其他具有影響力的人：**主動找出可能造成負面影響的、非正式的意見領袖，並且和他們接觸。這些人可能朝著不同的方向努力，或是他們所關心的工作面向和你不同。花時間和他們見面，以了解他們的立場，找到共同點，平衡你們彼此的優先事項，然後合作想出納入了你們雙方想法的解決方案，讓衝突從一開始就不會產生。

在預期會發生的衝突之前，也要**專注於你能夠掌控的事**。如果你預期會有一番困難的對話，就設法掌控對話發生的時間。不要迴避這番對話，但試著在你心情冷靜而且準備好進行討論時發起對話，而不要讓對方在不恰當的時機冷不防地和你交談。

衝突當中

在進行一場有衝突性的討論時，**把重點放在事實上，並且確定事實。**檢視造成衝突的基本原因。通常，之所以產生衝突和你或你同事個人無關。《哈佛商業評論衝突處理指南》（*HBR Guide to Managing Conflict*）的作者艾美・嘉露（Amy Gallo）建議使用幾種簡單的措辭，來讓談話聚焦於造成衝突的實際情況，而不要針對個人：

- 「這是我的想法。」
- 「我的觀點係基於下述假設……」
- 「我得出這個結論是因為……」
- 「我很樂意聽聽你對我剛才說的話有什麼反應。」
- 「你覺得我的推論有什麼瑕疵嗎？」
- 「你對這個情況有不同的看法嗎？」

在談話中設法和對方針對事實取得一致的理解，而不要一心只想證明自己是對的。

起衝突之後

在任何挑起爭論的討論之後，你必須努力**避免在腦海中重播那番互動**，也要避免向其他人重述——這些都只會放大你已經在擔心的問題。與對方聯絡，表示願意提供資源或其他協助，或是分享你在工作上的進展。這種做法有助於確保你們之間的討論始終聚焦於工作上。最後，試著讚揚你們雙方都採取了行動讓對方參與，以鼓勵正面的行為。

從你的人脈中建立一個取得資訊的非正式管道。這個管道可以是也認識和你起衝突之人的其他人。如果你和對方相處真的有問題，很可能其他人也一樣。如果這些人了解對方，也了解你們所處的情況，就可能提出寶貴的建議。針對該如何解決這個問題，他們也許能提供有用的指引。或是他們也許能幫助你看出錯不在你。單只是知道你不是問題的根源，就能減少此一衝突在情緒上對你造成的影響，幫助你更理性地回應。

微壓力8：缺乏信賴

當別人信賴我們，就比較願意為我們承擔風險。他們會與我們進行坦率的辯論，而且可能會針對我們的為人和成就替我們美言幾句。當我們經年累月和一群人並肩工作，就能建立起信賴。我們對同事有足夠的了解，知道在什麼時候、在哪些方面可以仰賴對方。

相反地，缺少信賴可能會影響我們和同事雙方的工作表現。在這些情況下，當我們不信任某個人或是感覺對方不懷好意，我們所感受到的並非傳統形式的壓力，而是由於缺少信賴而引起的一種微壓力。只可惜在許多工作關係中要建立起信任並不容易，因為現代所有的工作環境幾乎都是動態的，工作團隊一再重組，大家脫離團隊的速度很快，而且經常有互相競爭的優先事項。單是因為我們不夠了解同事，不清楚他們的能力，或是因為我們不確定他們是否會為我們的最佳利益著想，就可能會引發微壓力。或是我們就只是不確定能否指望一個同事會兌現他的承諾。而且當然，由於疫情而興起的遠距工作使我們與同事之間的互動減少，也更容易產生誤解，這使我們更難藉由一起工作而和同事建立起信賴。

試想一下缺少信賴對比爾造成的影響，他在一家顧問公司擔任資深分析師。

由於他的公司開始注重更加靈活的工作方式，團隊被迅速組成、解散和重組，比爾已經習慣了和不斷輪換的組員一起工作。在和一個新團隊合作之前，他很少有時間去了解團隊和同事的能力。雖然他在這家公司已經工作了很多年，許多新同事並不太了解他的能力。每次團隊重組，他就覺得自己彷彿又得從零開始，一方面要了解他能指望隊友做到什麼，另一方面也要確保隊友知道他本身的強項和限制。由於這份不確定，他必須花更多時間去確認，確保工作符合團隊的目標，還要擔心工作成果的品質。這三種額外的擔憂之所以出現，並非由於什麼糟糕透頂的事，而是因為隊友的快速輪換使得比爾無法信賴隊友的能力。他浪費了許多時間去預測和檢查同事的工作，以免他本身的工作會受到影響。層層的微壓力隨之而來。

缺少信賴也會產生幾種次級的微壓力。

- **這會讓工作回到我們身上。**在此處所談的是種微妙的東西，而非根本上的不信任所造成的結果。當我們對同事不夠了解，不明白他們的工作方式、長處和短處，也不知道如何才能和對方合作愉快，我們就會習慣自己來——畢竟我們了解自己的能力。雖然這種做法可能在短期內感覺很有效率，但不幸的是，挖東牆來補西牆會增加我們的壓力，因為我們仍然需要完成自己的主要工作。缺少適度授權也會消耗同事的精力和參與度。他們學到了自己做事要被動，而要主動要求我們替他們解決小問題。當別人這樣對待我們的時候，情況也一樣。何苦累得要命去把事情做好，如果有位同事會再徹底檢查一次？

- **這會使我們忽略了重要的優先事項**。我們不信任的事物會贏得我們的關注，而使我們忽略了所有其他的事。以比爾為例，主管要求他作更為策略性的思考，而他一直忽視了這項要求，因為他總是忙於日常任務，忙於查看他不夠信賴的團隊成員。結果，當主管轉而請同部門的另一個人幫忙計畫該部門要如何應付一段特別忙碌的時期，交由比爾承擔的工作甚至更多了。

- **這可能會使我們自毀前程**。如果由於我們不信任別人，使其他人開始認為我們不幫忙或是抗拒合作，我們可能就沒有機會在組織裡成長或晉升。由於比爾花了太多時間去複核和預測其他同事的工作，他的主管和同事都開始懷疑他是否是個堅持用老辦法做事的老古董。儘管比爾經驗豐富，他卻眼看著好幾個同事晉升到管理職，而他自己卻從未有過這樣的機會。

建立信賴的幾個策略

你可以用幾種方式迅速和同事建立起信賴，而不必仰賴長年並肩工作或是在度假會議中玩「信任倒」（trust fall）遊戲。你只需要換個角度來看待信任。以下是你可以主動建立起信賴的四個關鍵領域，使你每日的人際互動不會充滿由於缺少信賴而引起的微壓力。

把自己的能力用在別人需要的地方

與其向所有願意傾聽的人宣告自己的專長，不如找出你的技術和能力能在哪些方面配合同事的需要。專注於這些方面，召開探索性質的會議，多問問題，找出方法，讓你的能力能幫助其他人達成目標，創造雙贏，並且為共同的成就給予對方應得的讚揚。例如，阿札姆是個經驗豐富的產品開發經理，當一次職務變動意味著他必須從零開始和一個新團隊建立起信賴，他專注於找到機會來展現他能在哪些方面替工作增加價值。他和團隊成員舉行了「鎮民大會」，在會議中大家可以提出任何問題。起初他的團隊成員都很客氣，但是時間久了，他們就提出了更具挑戰性的問題。當阿札姆說明自己過去的經驗如何能夠支援他們現在正在做的事，他們開始了解他們可以指望阿札姆提供什麼協助。

建立以能力爲基礎的信賴

當別人相信你知道自己在說什麼，相信你擁有完成工作所需的技能，他們就會對你產生建立在能力上的信賴。這種信賴之所以產生，部分原因在於你在專案和任務中展現出能力並且表現良好。不要只是說「我能做到」，就指望別人會相信你。拿出證據，讓他們看出你以前曾經做到過，或是展示出一個可能的原型。具體的證據能迅速使別人從懷疑能否信賴你的能力轉為檢視你已經完成的工作，並且思考如何能藉助你的能力來解決他們的問題。你也可以藉由坦白說出你的專長範圍——亦即，什麼是你真正擅長的，什麼是你可能並不精通的——來幫助別人學會信賴你。藉由釐清你特有的價值，並且不要對你專長之外的事發表意見，你就能避免被拉進你並不適任的工作中。願意在適當的情況下承認自己在知識或專業技能上不足之處，能夠使別人更加信任你說你知道的事。而且這會鼓勵他們也真誠坦率，願意袒露自己的弱點。信賴就是建立在這種真誠的關係上。

阿札姆把他在前一個組織裡領導過的工作拿來和他目前的小組工作相對照，從而建立起基於能力的信賴。他找機會提出解決方案或是他自己的經驗，以解決團隊正在努力解決的問題。他也承認自己在某些領域並不是專家，從而進一步建立起信任。

證明自己可靠

兌現你的承諾，並且設定實際可行的期望，即使這意味著要推卻工作或是告訴一位資深主管他未必想聽的話。在組員會議中和會議之外，阿札姆和他的團隊建立起坦誠的原則。凡是可能對他們產生影響的變化，他都會隨時告知隊友，清楚地說明他和其他主管對他們的期望，並且特別注意言出必行。在幾個月的時間裡，他好幾次出面維護他的團隊，表明他的確會遵守承諾。

建立起基於善意的信賴

這種信賴的基礎是別人相信你由衷關心其他人的福祉。在與同事或客戶共事時，設法去認識整個人，而不是只認識對方完成任務的那一面，藉由偶爾跳脫自己的角色，就工作之外的話題與對方交流，像是嗜好、興趣或志向。表現出對別人的興趣，並且在工作之外和他們聯繫，即使尚未發現你們的共同點。當人們感覺到彼此間的連結，在日常工作單純的職能要求之外找到共同點，就能觸發基於善意的信任。在了解新團隊的過程中，阿札姆也花時間和他們非正式地相處。他安排每兩週一次的輕便午餐會，找一間有景觀的會議室，邀請有空參加的同事都來一起共進午餐。他們會聊體育、嗜好、家庭……等等，建立起在工作之外的個人連結。

建立信賴需要你允許自己真誠地和周圍的人相處。你不必卯足全力去和同事建立起深厚的信賴，但是你可以找到一些小方法來增進信任。當別人信賴你，他們就更樂意為了你而承擔風險。他們會和你進行坦誠的討論，相信你們彼此都在為共同的利益努力，而且他們可能會針對你的為人和成就替你美言幾句。在我們訪談過的人當中，他們的個人成長，以及他們以符合自己價值觀與志向的方式來運用本身技能和興趣的能力，都大大地仰賴與其他人培養出的信賴基礎。事實上，有時候有人之所以得到新的機會，就只是因為主管覺得**我需要一個我能信賴的人**。

如同上文中所述，信賴可以分階段逐步建立。你不必仰賴多年的並肩工作來建立起老同事之間的那種信賴。你可以分階段建立信賴，把重點放在你帶進工作中的技術與能力。

微壓力9：二手壓力

大多數人都曾經在工作上遇到把壓力寫在臉上的主管、同事乃至年輕隊友，這些人就是會把壓力散發出來。而這些同事不斷散發出的壓力和擔憂也會加深我們自己的焦慮，就連他們的肢體語言和語氣聲調都會影響我們。我們注意到他們的微壓力，並且將之變成自己的微壓力。

二手微壓力以許多種方式直接影響我們。當同儕流露出的壓力使我們懷疑他們能否及時完成工作，我們可能會擔心團隊任務能否完成，或是我們會因為屬下壓力過大而感到不安，擔心他們會犯錯誤事而使我們難堪。二手微壓力會蔓延開來，當有人表示害怕錯過截止期限、聲稱所提議的下一步永遠不會成功，或是藉由把自己的工作量告訴別人來顯示他們所承受的壓力。而微壓力也會透過身體訊號而散播開來，例如聲調的改變或其他方式，像是使用電子通訊的步調和時間。單是觀察到一個受到壓力的人——尤其是同事或家人，就能對我們本身的神經系統直接產生影響。一組研究人員發現，**單只是觀察某個壓力大的人**，百分之二十六的人的皮質醇含量就會升高。更糟的是，科技工具使我們能夠同時向許多人傳播我們暴躁的聲音或不斷提出的問題。

二手微壓力也會產生幾種不太明顯、但同樣考驗著我們的下游壓力：

- **二手微壓力會消耗我們的創意靈光。**心理學研究已多次證明，微壓力增加會導致創意思考和新點子減少。而創造力減損則會使你吸引不了從事創造性工作的團隊。此外，承受高度二手壓力的團隊比較容易分心，人際互動的效率較低，而且生產力往往會下降。
- **二手微壓力可能會加重我們的焦慮。**二手微壓力從一個人身上傳到另一個人身上時會逐漸增強，而隨著時間過去，可能會再回到我們身上。在無法確定焦慮來源的情況下，我們會受到別人焦慮行為的影響；我們會把他們的壓力內化，然後再傳給別人。這就像是一場情緒激動的傳話遊戲，每個人都把壓力傳給下一個人，在傳遞訊息的過程中增強了壓力，形成一種循環。遠距工作更加劇了這個問題。由於大多數的虛擬互動都是已經排定的，我們失去了能夠及早發現某人釋出壓力信號的許多小機會，在還有可能趁著壓力尚未擴散出去就加以處理的時候。
- **二手微壓力可能會扼殺我們的工作動機。**在我們的工作環境中，如果焦慮會由於我們和壓力大的人互動（或者就只是由於觀察到其他人表現出焦慮）

而增加，我們可能會開始懷疑承受所有這些壓力是否值得。我們會抄捷徑，不再關心自己的工作品質，由於吸收了太多二手微壓力而不再全力以赴，並且決定這份工作不值得全心投入。

對許多人來說，新冠肺炎疫情每天都帶來了二手微壓力。以一家知名顧問公司的經理人潔思敏為例，來自她團隊的二手壓力差點拖垮了她。當疫情爆發，她團隊裡的全部六十名員工都開始居家辦公。隨著這場公衛危機的持續，潔思敏看得出她的團隊成員漸漸支撐不住，尤其是那些雙薪家庭，如今他們也得全天照顧小孩，由於日間托兒的選擇有限，而所有的學校都改為遠距教學。

在疫情的高峰期，潔思敏估計她有一半的時間都花在跟組員交談，試圖幫助他們處理複雜的生活，因為他們既得要在家裡完成高品質的工作，同時又得要照顧小孩。看見他們要如此吃力地兼顧工作和家庭，也因為她自己的小孩已是不需要同等關注的青少年而感到內疚，使得她夜裡難以成眠，也很難保持專注和動力。員工的焦慮成了她的焦慮，而她的焦慮又更加重了員工的焦慮，不管她再怎麼努力掩飾也沒有用。她告訴我們：「我覺得自己陷入了永無止境的小壓力循環中，而這也影響了我的家庭生活。我甚至無法專心做瑜伽，而瑜伽對我來說一直是種重要的休閒活動。我的心思總是一直回到我的團隊上，不斷想著我做了什麼來幫助他們，還能再做些什麼。」

大家經常受到二手微壓力的影響，並且認為自己對此無能為力。但是，在你和其他人打交道的方式上做些小改變，就能大幅減少接觸二手微壓力的機會，從而改善每個人職場生活和家庭生活的品質。

避免感染壓力的幾個策略

被捲入別人的微壓力中很容易。可是如果你意識到這件事正在發生，就能找到方法來避免讓二手微壓力滲入你已經充滿原始微壓力的生活。

不要助長壓力循環

檢查自己的情緒反應。必要時，花一點時間冷靜下來，重新調整自己的情緒。不要讓別人的壓力把你的壓力升高到沒有益處或心懷戒備的狀態，而進一步助長了二手壓力的循環。專注於你的呼吸，出去散散步，在談話中注入幽默，或是使用其他任何做法，只要能消除壓力並且幫助你正面應對。

以同理心和對方相處

懷著同理心來看待這個情況，不要責怪別人。了解他們可能只是在轉移壓力，這壓力來自於他們所背負的期望和所受到的時間限制。協助他們找出他們生活中不明顯的壓力來源。以好奇心來引導對話，了解是什麼導致了他們所受到的壓力。

造成壓力的事往往有不同的來源。了解別人在壓力情境中的目標能有助於你指導他們該如何達成這些目標，而不至於把他們的壓力發洩到周圍的人身上。例如，壓力的蔓延可能並非由於客戶要求太高，而是因為某個人不擅長區分事情的輕重緩急。高績效員工往往承接了太多工作，因此有時無法達到應有的品質。

指導其他人遏止壓力的傳染

要幫助別人理解他們的二手壓力如何影響了其他人，請描述二手壓力對你的影響。使用由「我」開頭的陳述，描述你對二手壓力的情緒反應，以及這對你的生活造成的具體影響。這件事的難處在於，如果對方認為你的評論是針對他們個人的批評，或是對方從來都沒看出自己的行為對其他人造成了壓力，他們就可能會產生防衛心態。但是只要對方了解自己表現出的壓力對同事造成的影響，他們往往就更願意控制自己的壓力，而不是把壓力表現出來。

微壓力10：和上司、同儕或派系之間的政治操弄

很少有人能完全倖免於由於工作環境中的決策顯得政治化或明顯不公平而造成的壓力。爭強好勝的同事會消耗我們的精力，但不見得都是以公開對戰的方式。政治操弄可以非常隱微，但仍舊威力強大。政治操弄以無數種微小、含蓄或微妙的形式在我們的生活中迴盪。

你可能察覺到某種並未明言的意圖，然後花了大量時間去擔心、去和其他人接觸，以設法了解組織內部的政治地貌。或者你可能注意到有人暗中設法把同事從受到高層矚目的中心位置擠出去。這種政治操弄會以許多種方式造成微壓力。例如，當我們察覺某件事正在進行，但我們並不清楚誰的意見比較重要，也不明白驅動不同對話的潛在意圖，我們就會感到焦慮。當我們被迫去支持的目標或行動是我們自己不相信的、或是會使我們與其他團體起衝突，那我們當然也會感受

到微壓力。而且政治操弄意味著我們對自己職業生涯的掌控權並不像我們所以為的那麼大，單只是領悟到這一點，就也會給我們帶來壓力，因為我們會去預測各種情況，做更多沒必要的工作，只為了面面俱到。

試想一下康納發現自己要駕馭的情況。康納的主管和公司另一部門的主管針對雙方所合作的一項專案爭論不休，而康納和另外幾名同事都收到了電子郵件的副本。這兩位主管公開爭論該如何處理資源分配上的一個棘手問題，而這個問題也涉及康納的時間。另一個主管持續提出異議——用電子郵件發送給整組人——而避免直接回答。有幾個收到副本的同事也大膽地發表意見，而這似乎只使得情況更加嚴重。最後，有一個同事提議，希望這兩位主管不要公開討論他們的意見分歧。

這不是康納第一次看見這兩位主管為了他的時間和工作而爭吵。意見的分歧通常是隱微的，有時帶有被動的攻擊性，但是收到電郵副本的人都知道這兩位主管對彼此很氣惱。當康納的上司似乎在催促另一位主管作出決定，對方就似乎更努力地避免回覆他的提問。

康納私底下和幾個同儕擔心這番衝突，暗中討論這究竟是怎麼回事。他說：「這對我來說太尷尬了。」他納悶自己是否做了什麼而引發了這場爭鬥，開始過度思考自己要發出的每一封電子郵件。他該把副本寄給這兩位主管嗎？還是只寄給他的主管？他告訴我們：「這場爭論是關於我的時間，可是他們顯然無法達成共識，而情況迅速惡化。那真的讓我很不自在。」

大多數人都有過這樣的經驗，當我們逐漸意識到某件我們並不完全理解的事正在發生；被捲入政治操弄，不管是直接還是間接，都會以種種方式產生次級壓力：

- **這會放大我們自己的壓力**。當我們感覺到不公平，並且把這種感覺和朋友或伴侶分享，他們本能的反應是同情我們。可是由於他們往往不理解大局的來龍去脈，他們的反應會讓我們更加相信某個情況不公平或是制度對我們不利。他們善意的回應只會加深我們的壓力和憤怒。當我們努力化解由於周圍的政治操弄而產生的壓力，火上加油只會使事情變得更糟。
- **我們可能會陷入倦怠的循環**。當政治算計剝奪了我們取得成功所需的資源——預算、贊助、關鍵資訊……等等，我們和自己所屬的團隊就得要比平時更賣力工作，以彌補不足之處。工作過度最終當然會累垮我們。自覺在職場上沒有受到公平對待，因此又不得不過度補償自己所感受到的不公平，這會導致更大的壓力和職業倦怠。

- **政治操弄可能會把我們逐出核心圈子。**不斷發現自己在政治密謀中居於劣勢，會使我們在自己所屬的組織中感覺像個局外人。這裡所談的並不是在一場有贏家和輸家的重大政治鬥爭中落敗，例如贏過內部的競爭對手而獲得令人豔羨的晉升。此處所指的是形式更為隱微的政治操弄，像是有關預算的決定以及對我們倡議事項的認可和支持——這些互動最終會影響我們的融入感。我們愈來愈不確定該如何定位自己的專案才能得到其他人的支持，而且動不動就懷疑自己。當我們陷入了難以掙脫的負向強化迴路，我們承受的壓力就會更大。這削弱了我們有效工作的能力，也使我們跟自己所屬的組織疏離。

康納不想被捲入兩位主管之間微妙的權力鬥爭，於是他決定改變行事方式。下一次當他被選中參與一件跨部門的專案，他及早積極動用自己的人脈，來確保他的專案將會成功。

他首先弄清楚這個新專案可能會涉及公司裡的哪些政治問題。為此，他預約了會議，和職務上的兩位主管以及組織裡非正式的意見領袖晤談，以收集他們對這件新專案的意見。他感覺出潛在的危險信號或是隱微的意圖，一旦明白了是什麼在起作用，他就能夠設法應對。

透過這些談話，康納意識到，如果一開始就稍微更動該專案的工作範圍，將有助於讓幾位主要領導者放心，從而得到他們在政治上的支持。這些更動對整體目標的影響很小，但是有助於清除道路上的阻礙，使得這件專案不會遭到千刀萬剮。

康納告訴我們：「你們可能會以為，建立這種同盟關係並且透過其他人來運作，會把這件專案變成某種高風險的政治鬥爭，從而增加我的壓力，可是事情正好相反。一旦看出我們的利益是一致的，我接觸的人就做了他們樂於去做的事。結果我的生活反而變得更簡單，也更沒有壓力。」

避免陷入政治操弄的幾個策略

不管一場小小的政治衝突有多隱微，如果感覺自己成了一場暗鬥的靶子，就會承受一波波的微壓力。你會開始擔心自己知道什麼，不知道什麼，能控制什麼，無法控制什麼。但是你不必讓這種情況發生。

把具有關鍵影響力的人拉進來

在政治上取得先機，藉由讓具有影響力的關鍵人物參與進來，亦即那些人脈廣、影響力大的人。首先去見那些顯然最能影響你工作走向的人。為了發現你可能不知道的其他關鍵人物，在每次會議結束時，詢問還有誰關心這個主題，誰的優先事項可能略有不同而會影響工作進展。答案幾乎總是會指向那些意見領袖，他們對於其他人能否接受你的計畫和想法有著舉足輕重的影響。

然後，和這些具有影響力的人會面，了解他們的核心優先事項或痛點，找出辦法來幫忙解決他們的問題。在你有能力的領域提供他們協助，並且與他們維持長期關係。像這樣事先花一點時間並且積極一點，能鼓勵這些具有影響力的人來支持你的工作，而非慢慢破壞好點子。

透過彼此都認識的人來運作

透過彼此都認識的人來間接影響操弄政治的人。關鍵在於找出這些人受誰影響——有時候是幕僚長、過去曾與他們共事的人，或是私人密友。然後設法透過這些人來傳達訊息。在我們所作的一次訪談中，一名經理人描述她如何透過之前的主管來開展工作，此人對她試圖影響的某個人具有可觀的影響力，能夠替她把正確的故事和觀點先傳達給對方。她的前主管向對方提出的資訊和她自己要提出的相同。可是當這份資訊由不同的人提出，對方就更容易接受，這是她自己很難直接辦到的。

把立場和利益分開

利用你的人脈來了解參與政治操弄之人的經歷和隱藏的動機。在每一個明確表述的立場背後都有潛在的利益，例如，當有人說：「這個單位應該直接隸屬於財務長！」這句話背後的信念可能是認為財務決策不一致正對組織造成傷害，而這個問題需要加以解決。要如何發現這些潛在的利益？善用你們彼此都認識的人——他們對情況的了解更深入，能幫助你把你的努力用於適當之處。

耗盡你情緒儲備的微壓力可能比消耗你能力的微壓力更具挑戰性。在我們的研究中，處境最慘的人就只是一味承受微壓力的打擊（雖然是出於善意），讓自己疲於奔命，而沒有設法去駕馭這些壓力。久而久之，沒有積極去回應微壓力會降低他們的生活品質。為了抵擋這些微壓力，他們用盡了所有的情緒能力。

可是還有一種形式的微壓力更令人傷神，那就是挑戰你身分認同的微壓力。

在下一章，我們將探討這種微壓力是如何出現的。

Chapter 4

為什麼你感覺不像你自己

挑戰你身分認同的微壓力

主要洞見

❖ **我們在職場和家中所扮演的角色需要我們去做一些事，而這些需求往往會和我們這一生想要成為的人有所衝突。**在職場上，這些需求也許來自公司期望我們追求的商業目標和我們的價值觀有所衝突，或是來自在削弱我們自信的高壓環境或惡質環境中工作。在家裡，對於自己應該是個什麼樣的配偶、家長、朋友和手足，我們經常懷有不切實際的期望，然後為了自己似乎什麼都做得不夠好而自責。

❖ **人們很少會因為一個決定而徹底改變自己想要的身分認同。**恰好相反，這種改變是隨著時間在許多小小的抉擇中發生──我們經常會為這些抉擇辯護，認為這是為了養家活口而不得不然，或是為了追求既定的職業生涯。

❖ 挑戰你身分認同的微壓力有四種常見的來源：
○ 和你個人的價值觀有所衝突
○ 損及自信
○ 和家人或朋友的消耗型互動或其他負面互動
○ 人際網路被打亂

❖ 如果有人使你距離你想成為的人愈來愈遠，就設法改變你和對方的互動，這能對你人生的意義感產生很大的影響。你可以試著重塑你的角色，改變你和同事或家人互動的方式，或是設法在你的主要工作之外找到一些微小的方式來展現你的價值觀。細微的改變就能造成可觀的差異。

瑞秋從一開始就心存疑慮，當上司建議讓她在這家中型銀行晉升至管理職。瑞秋告訴上司說她擔心自己缺乏這個新職位所需要的經驗，但主管要她放心：「瑞秋，妳很傑出，妳被視為高度具有潛力。我對妳非常有信心！」她的上司表示瑞秋也得到公司其他高層主管的支持。於是瑞秋撇開她的疑慮，接受了這份責任大幅增加的工作。

可是當她升任新職，她開始感覺不太自在。現在她得要對別人說「不」，並且針對工作的優先順序和人員的晉升迅速作出決定。她作出的抉擇會影響她深深關心的人。當然，她知道作這些決定是這份工作的一部分，但是，公司期望她作出決策的速度，以及她在傳達這些決策時應該用的語氣，都讓她覺得不對勁。她向我們坦言：「我討厭衝突。」她一向擅長用比較圓滑的方式來解決問題，她說明：「多年來，我已經能夠有效地和別人共事而無須咄咄逼人。」在她的新職位上，她想要公平而且審慎。她避免對任何事作出倉促的決定，允許團隊對她的決策提出意見，偶爾也會在得到反饋意見之後改變自己的看法。

然而，擔任新職幾個月後，她的主管對她說她不夠果斷。主管告訴她：「瑞秋，這個行業的步調很快，妳必須毫不含糊地說出妳的要求。我需要妳面對身為經理人的挑戰！」瑞秋感到驚慌。她認為自己可以藉由和團隊建立起堅實的關係來達成目標，而非透過命令。她告訴我們：「那對我來說就像是一記耳光，那就好像在說：『儘管妳是憑本事升到這個職位的，但妳不能再像從前的妳一樣了。

那不夠好。』」在瑞秋看來，這不僅是需要成長以配合新職務的需要。她說：「他想要一個迷你版的自己，一個跟他一樣咄咄逼人的人。」

起初她責怪自己管理能力不足，開始仿效上司的做法。她發現自己寄出不太禮貌的電子郵件，在走廊上攔住同事，沒有先問候對方就粗魯地查問對方的工作，或是在會議中模仿她主管的傲慢語氣，免得被人認為她好欺負。她覺得一天比一天更痛苦。團隊中她曾經視為朋友的同事跟她疏遠了。她看著他們聚在一起吃午餐，卻沒有邀請她。下班回家後，她情緒低落，無法跟家人相處，得要先喝一杯酒來抒解壓力。她開始缺席讀書會，在最後一刻找藉口說她有太多事情要做，沒空讀書。瑞秋知道她對自己的小孩有點不耐煩，由於她擺脫不了工作日的氛圍。一天夜裡，喝了幾杯酒之後，她向丈夫吐露了她的感受。她對丈夫說：「我知道我能勝任這份工作，我認為我會是個好經理，可是我不喜歡自己現在成為的這個經理，我不確定這次升職是否值得。」

有時候我們並不清楚自己為何下班回家後脾氣暴躁，儘管當天並沒有出什麼明顯的差錯，我們就只是心浮氣躁或是不開心。我們沒有意識到的是，個人生活和職場上的人際關係對我們身分認同的微妙挑戰無形中堆積在我們身上，日復一日，週復一週。也許你對自身壓力的回應是把壓力轉嫁到團隊中的某個人身上，儘管你知道對方正在努力跟上。你覺得這樣做不好，但是由於你本身也感受到壓力，你就屈服了。或者，由於某人在政治上失寵，你就支持不讓他晉升的決定，儘管你知道此人的確應該獲得晉升。由於對我們身分認同的挑戰是以永無休止的微小時刻向我們襲來，我們可能不會停下來思考每一個決定對我們造成的影響，可是我們知道自己感覺不太對勁。

挑戰我們身分認同的微壓力要比消耗我們能力或情緒儲備的微壓力更難發現。一旦你靜下心來尋找，消耗能力的微壓力就顯而易見，而消耗情緒的微壓力也一樣，一旦你發現你何以在某些互動之後感覺筋疲力盡或疲憊不堪，這些微壓力就變得清晰可見。挑戰我們身分認同的微壓力是在職場上或個人生活中我們已經習以為常的互動中慢慢形成的，由於我們周圍的人和環境將之視為正常。許多受訪者都告訴我們，職場上的人際互動如何使得他們一點一點地逐步改變了自己的價值觀，就像發生在瑞秋身上的情況，直到突然之間，當他們停下來看的時候，他們幾乎不再認得出自己了，但卻說不上來哪裡不一樣了。這在把身分認同建立在工作上的那些人身上尤其嚴重。當我們主要是用工作來定義自己的身分和自己對世界的價值，我們會發現自己習慣「順從」外界對我們身分認同的拉扯，因為我們是某個更大的群體的一分子。但是這也很容易讓我們成為自己不想成為的人。

如同一位受訪者對我們說的：「我成了那種我一向不喜歡的人。我甚至不知道這是怎麼發生的。」

我們在訪談中一再聽到許多成功人士描述自己人生中大夢初醒的時刻，當他們終於明白自己花了三年、五年乃至十年的時間來追求的事物，和他們展開職業生涯時想要成為的人有所衝突。聆聽他們的夢醒時分往往令人心碎。一位女士告訴我們，說她把同事當成真正的朋友，但是當她感染新冠肺炎情況嚴重時，卻沒有一個同事來探問她好不好，儘管他們知道她是獨居。當她發電子郵件給所有的同事，說她真的很難受，也沒有一個人詢問該如何提供協助。另一位男士告訴我們，說他在一次家長會上意識到他十幾歲的兒子根本不知道他在一家全球投資銀行都做些什麼。他兒子向歷史老師描述自己的父親是個「強盜大亨」。這位父親意識到他很少以正面的方式來談論自己的工作，不是因為他的工作複雜到難以解釋，而是因為他並不特別自豪於自己對這個世界的貢獻。

經過反省，許多受訪者漸漸明白，是多年來的小小抉擇導致了那一刻的覺醒。而那些有此頓悟的人還是幸運的。許多人從未看出自己的生活與他們曾經珍視的價值觀和身分認同不再一致。事實上，在我們所作的訪談中，屢見不鮮的是一個傳統意義上所謂的成功人士在職場上登上顛峰，但是卻留下許多後遺症：一次或多次離婚、和子女完全疏離、健康岌岌可危。挑戰他們身分認同的微壓力使這些人走上一條他們從來不想走的路，藉由一次又一次作出的小小決定。

隨著生活的發展，工作以外的經驗和人際關係也可能會導致我們價值觀的改變。我們看見別人用社會地位和財富來衡量成功，於是我們也開始使用這些衡量標準。這種「社會比較」發生得很快，往往是在潛意識中，使我們對自己在生活中擁有的東西感到不滿足，導致我們以挑戰自己價值觀的方式去追求物質財富。我們在不知不覺中採納了別人對成功的定義。而這可能會讓我們付出慘痛的代價。當你讀到這裡，我們相信你一定能想到某個人，他的人生在你看來錯得一塌糊塗，由於他專注於錯誤的事物上。我們的受訪者經常說起他們犯下「做得太過頭」的錯誤，逼迫自己去住更豪華的房子或是接下一份需要更常出差的工作，以犧牲家庭作為代價，以符合他們自認為對成功的期望。可是這種形式的成功一向令人感覺不對勁。

由於挑戰身分認同的微壓力是最難發現的，你必須敏感地去察覺其蛛絲馬跡。也許最好的方法是將之描述為一種不自在的感覺，當你被要求去做一件令你稍微感到亂了方寸的事。**我不喜歡那個人要我做的事，但那就只是件小事，所以我就配合了。**或是**錯過了女兒的數學比賽讓我有點難過，但是下一次我會去參加的。**

我們在此處所談的並非受到壓力要你去欺騙、耍詐或是從事天理不容的非法行為。挑戰你身分認同的微壓力比這更難以察覺。你對自己所作的抉擇隱約感到不自在，不管你在心裡如何替自己辯解。

挑戰你身分認同的微壓力

要認出可能會挑戰我們身分認同或價值觀的微壓力可能很困難，因為它們可能是長時間慢慢累積而成的。我們往往就只是逐一接受了它們，當成工作或是家庭責任增加的一部分。可是，一旦認出了它們，我們就能開始反擊，藉由重新塑造我們的人際互動和人際關係，來支持我們成為自己原本想要成為的人。讓我們來看看四種常見的微壓力來源，它們藉由偷偷潛入我們的日常生活而挑戰了我們的身分認同。

微壓力11：與你個人價值觀的微妙衝突

面對明顯感覺不對勁的選擇時，要設定底線很容易。可是，微壓力卻以並不明顯的方式來挑戰你的價值觀。首先，這些互動往往是日常互動，比較小，或是風險較低。例如，某人要求你在一件專案抄捷徑，以便準時完工或是在預算之內完成任務，儘管品質欠佳。其次，這些互動可能是更複雜的互動，其複雜度和控制權都不明確。例如，你的公司可能和一個客戶有業務往來，而對方所屬的組織破壞了環境、製造用於武器的零件，或是由一個引起爭議的執行長領導。或者你不認同自己所屬組織的某些價值觀，例如你很關心你的屬下，但是你的組織似乎並未致力於發展他們的職業生涯。

這些事都不會直接對你產生影響，至少表面上不會，但是這些微壓力可能會在你的靈魂留下烙印。即使你對一個決定感到不自在，你也可能因為周圍的人都滿腔熱情而覺得必須配合，而他們的熱情促使你去作出感覺不太對勁的追求和互動。這種價值觀和行動脫節的情況經常發生，例如，在參與銀行業、軟體業或顧問業的協同銷售時，人們的期望可能會過高。出售的東西和顧客收到的東西並不相符，當顧客發現了這一點，並且對結果不甚滿意，相關人員就必須處理後續的負面互動。

而即使撇開這些直接影響不談，和個人價值觀的衝突也可能會造成次級影響，並且透過人際關係再回到我們身上。有些次級影響和別種微壓力帶來的次級影響相同，例如對工作的熱情下降，以及把自己的微壓力帶回家。但是有一種影響是挑戰我們身分認同的微壓力所特有的：那種被困住的感覺。

爲什麼到最後你感覺自己被困住了

當事業進展順利，而你卻感覺困頓，真正的認知失調就出現了。這個問題不容易解決。一部分的你會替你的工作不符合你個人的價值觀辯解：為了養家，付出是值得的，而且如果你離開，你會失去太多東西。你可能會失去資歷、失去你在公司內部辛苦建立的人脈、失去你在現職中掙得的信賴。因此，你覺得自己不得不忽視與你價值觀起衝突的公司行為。再次重申，此處所指的並非忽視高層的貪腐或違法行為。這些微壓力遠遠沒有這麼明顯。你可能會因為公司沒有提供員工適當的心理健康醫療保險而感到煩惱，或是可能覺得公司對計時人員不夠尊重。繼續做一份對你和你家人有益的工作，卻以犧牲其他人的利益為代價，這會透過微壓力的不斷攻擊而損害你對生活的滿意度。

試想一下萊絲莉的情況，她在一家大型零售連鎖商店擔任區域經理，負責該公司在美國將近兩成的實體商店。這些商店替成千上萬的人提供了就業機會，也讓數百萬名顧客能買到物美價廉的商品。可是該公司以積極管理成本自豪，有時會對員工和供應商作出萊絲莉認為不甚可取的行為。公司對於給予員工產假和育嬰假很小氣，和供應商訂定的商業條款很苛刻，如果供應商無法遵守這些條款，無論出於何種原因，都會被終止合約，還要受罰。為了壓抑她對這類公司政策感到的不安，隨著她在公司裡的職位愈來愈高，萊絲莉在工作上變得愈來愈公事公辦。她不想太去關心她周圍的人。她對工作的幹勁和熱情減退了，而且她覺得她周圍的人似乎也變得愈來愈公事公辦。她和同事一起完成工作，但是除此之外她很少跟任何人有所往來。

可是有一年，當萊絲莉和丈夫一起觀賞阿姆斯特丹港口上空的除夕煙火，她有了頓悟。由於小孩均已長大離家，他們決定去歐洲度假三週。擺脫了日常的工作壓力，思考著她的新年目標和決心要作的事，萊絲莉明白了她何以變得如此冷漠。許多年前，她早期的一位主管曾經對她說：「我們做生意的目的是替股東的投資提供收益，在我們所作的一切當中，這是最重要的。」當她思考著下一年的重點目標，她明白了不允許自己去關心同事給她的生活留下了空白。這不是她想要成為的人。她告訴我們：「我一直想著母親在多年前跟我說過的一段話：『想想妳希望自己身後的追悼詞會怎麼說。妳希望別人會說妳很會替公司賺錢嗎？還是希望別人會說妳讓這個世界變得更好了一點？』」

一條實際可行的前進道路

一旦看出了價值觀脫節對她的影響，萊絲莉就開始構思她所謂的「生活復興計畫」。在從歐洲回來的飛機上，她列出了她個人看重的價值觀，然後將之分成三類：她能在工作上實踐的價值觀、她能在工作之外實踐的價值觀，以及在她當時的生活中似乎不可能實踐的價值觀。

萊絲莉對實際可行的事抱持著務實的態度。她告訴我們：「我並沒有像電影《征服情海》中那樣的時刻。」指的是湯姆克魯斯在該片中所飾演的角色忽然良心發現，替公司寫了一份新宣言，不再把獲利視為主要動機。「但是我確實努力找到一些小方法，能使我的世界變得更好。」在接下來的幾個月裡，她協助發起一項指導計畫，針對在目前管理結構中所占名額不足的群體，她也說服執行委員會支持一項試驗計畫，把過時的庫存轉為支持地方食物銀行的資金。她也開始和區域經理合作，提倡以更負責任的方式來採購產品。她向主管介紹這些舉措時，表明這些舉措不會花錢，而且能給公司帶來無形的好處。更重要的是，她告訴主管這些舉措對她來說將是有意義的互動。

她說：「一年之後，我每天早晨一醒來就迫不及待地想去工作。當然，公司還是會做一些我個人不贊同的事，但是你得要選擇你想打的仗。我提出的新計畫幫助我做到這一點，而這些計畫也激勵並鼓舞了我的屬下，甚至鼓舞了一些同儕。」

我們並非建議你應該對自己的身分認同有所頓悟，然後在一夕之間徹底改變一切。對許多人來說，這樣做的風險太大了，對那些仰賴我們的人來說也一樣。然而，我們的確發現許多受訪者都像萊絲莉一樣能夠作出一些小改變，而這些小改變對他們的自我意識產生了可觀的影響，不管是在職場上還是在家裡。但是你必須要看出挑戰你身分認同的微壓力會如何侵蝕你，然後你必須決定不要接受這種情況。

要抵擋挑戰你個人價值觀的微壓力，以下是幾個策略

對你身分認同的挑戰可能會非常隱微地潛入你的生活。可是一旦你意識到這些挑戰正在發生，你就能找到有效的方式來還擊。

明確知道你個人的優先事項

也許你目前的工作並不完全符合你的價值觀，但是你仍然可以設法使這份工作的某些部分更適合你。首先請思考下面這三個問題：

- 未來這五到十年，你想在你的工作中運用什麼專業技能？
- 你想藉由這份工作體驗和實踐哪些價值？
- 你想藉由你的職業角色塑造什麼樣的身分？

即使你目前的工作與你的答案並不完全一致，也不表示你不能在每天的工作中找到一些時刻或創造出一些經驗，能讓你更接近對你來說有意義的事。尋找一位具有你想要的專業技能的良師益友，和價值觀與你相似的同事建立起關係，打造一個能讓你取得這些經驗的發展計畫，即使你必須在工作上尋找額外的機會或專案。長遠來看，工作量暫時增加是值得的，如果這能使你替你認為有意義的工作在未來發展出機會。而你愈是投入，你的工作角色就會漸漸符合你的價值觀。在個人生活中也要這麼做，寫下你想要扮演的、對你來說重要的角色：運動員、朋友、養家的人、社會正義鬥士、音樂家或藝術家……等等。在我們的研究過程中，有一點非常清楚：受訪者當中最快樂的那些人都更清楚地知道自己想要培養的專業技能和想要實踐的價值。相反地，在這些事情上模稜兩可幾乎總是會使人被他們身處的體制所塑造，而非由他們來塑造體制。

設計一些儀式，來幫助你評估自己在實現抱負上的表現

你的定期自我評估可以包括每週寫週記、每個月和你的伴侶討論一次，或是每三個月檢視一次你認為在你個人生活和職業生活中重要的事。在我們的研究中，有人每個月抽出時間來和配偶及子女一起審視一家人的價值觀，分享自己所作的、能反映出這些價值觀的活動，並且討論自己在哪些方面遇到了困難。無論你採取哪種做法，都要評估你的進展，有目標地採取能夠縮短差距的行動，並且視需要修正你的目標。理想的情況是和你在生活中最為互相依賴的人（你的伴侶，也許還有子女）一起這樣做，以創造出一個互相支持的系統。

明白你不可能每天都百分之百地實踐你的價值觀

肯定有些時候你並不贊同在你所屬組織中所發生的事，可是生活有時候就是這樣。決定哪些重要的事是你想為之奮戰的，並且盡量和支持你價值觀的工作、

客戶和主管打好關係。如果出現了和你價值觀脫節的情況，你必須決定解決此一衝突對你來說有多重要。

我們訪談過的一位經理人告訴我們：「我一向想要幫忙解決問題。我會接受挫折和個人犧牲，為我的後繼者和年輕同事營造出更好的環境，因為到頭來，我認為真正重要的是我影響他人的能力。」但是你能用的籌碼有限，所以必須決定要把你的政治資本用在何處。如果你什麼都要爭，最後會失去可信度。

微壓力12：自信心受損

即使你尚未明白地確定你的價值觀，在某種程度上，你可以藉由你引以為傲的擅長事物來弄清楚你的價值觀是什麼。微壓力會損害你的這種能力。一位主管告訴我們：「在我的職業生涯之初，我對於自己的專業深受尊重而感到興奮，可是這個角色如今讓我窮於應付，我所作的就只是決定在哪些地方可以打馬虎眼，而非如何表現優異。」

損害你自信心的微壓力未必來自單單一個人，例如上司對你寄予不合理的期望，而往往來自在這個超連結的世界上工作所帶來的要求。例如，當職務設計或績效管理制度使人覺得幾乎不可能成功，自信心就可能會稍微受到動搖。又如，當組織文化過度強調兼容並蓄，參與決策的人數太多，使得要推動任何事情都變得困難。或是你需要關注的事太多了，使你放棄追求最佳做法或正確做法，只求勉強過關。即使你自認為認真負責、勇於創新、具有團隊精神，或是自認為是個好主管（等等），你的工作表現卻沒有反映出這些特質。最後你會覺得自己很失敗，儘管造成這種脫節現象的人並不是你。

自信心或掌控力經常受損還會造成有害的後續影響。你可能會由於太專注於避免犯錯，而漸漸以適得其反的方式工作。以下是自信心受損所造成的兩種常見的後續影響。

工作時採取守勢。當我們在工作上一再感覺到自己的能力受到質疑，就很容易會採取比較被動的態度，試圖避免受到批評，而不是拿出最好的表現。我們專注於避開問題，而非專注於最好的點子或正確的做法。這種防守性的做法會適得其反，因為我們不再被同儕和主管視為具有高潛力或創造力。

強化受害者心態。當我們覺得在工作上沒能達到自己所希望的狀態，就會發現自己開始責怪別人，因為我們把自己視為受害者，不被同事賞識，而且受到同事不公平的對待。然後，我們會跟親密的家人和朋友談起在工作上遭遇的冷落和侮辱，而他們會努力給予我們支持。但是由於他們就只知道我們告訴他們的事（讓我們面對現實吧，我們往往會以能夠博取最大同情的方式來告訴他們發生了什麼事），家人和好友最後可能會強化我們日益增長的受害者心態：「你的老闆完全不講理！」聽見這話在當下可能感覺很好，但是一旦得到這種認可，我們的受害者情結就會愈來愈嚴重，直到我們準備爆發。因此，親友一開始表現出的同理心可能會演變成引發你落入這種情況，而非讓你設法去改善這種情況。

∩

試想一下阿里的經驗。他是一家大型電信公司的人力資源代表，很興奮自己晉升到一個新職位，管理一些備受矚目的專案。可是當他試圖在此職位上全力以赴，他的主管卻一點一點地消磨了他的自信心。阿里的主管似乎在暗中阻撓他。例如，阿里曾花費數週的時間對外招募人才來擔任一個新職務，而在一次偶然的談話中，他意外得知他主管曾隨口建議人資團隊放棄對外尋才，改為聘用公司內部人選。直到這個決定被作出之後，阿里才從一個本該和他一起工作的同事口中得知此事。他擔心地說：「她會認為我的主管不信任我。現在我看起來就像個搞不清楚狀況的傻瓜，還在這裡熱情洋溢地向外部人選談論一個已經補上的職缺。」

類似的事發生過幾次之後，阿里開始失去推動大型專案的熱情，那原本是他自覺擅長的事。他心想：「我何苦拚命去做，如果最後反正會被捨棄？」他開始懷疑自己的判斷，試著去想他的主管會怎麼做，而非用他自己的判斷來提出建議。

最後，阿里開始去公司外部謀求一個新職位。在這個過程中，他詢問一位老朋友是否願意在他求職時當他的推薦人，對方曾經在十年前擔任過他的主管。對方說：「當然願意。可是你現在的職位這麼好，為什麼會想要辭職呢？」阿里向她吐露了心聲，描述自己感覺受到主管的阻礙，而對方也認識他的主管。她提議：「你願意讓我跟他談一談嗎？看我能否了解一下這是怎麼回事？」阿里同意了，他覺得自己反正沒什麼損失，條件是不要提起阿里打算跳槽。

一週後，對方和阿里聯絡了。她已經和他主管談過，設法了解一下情況。在談話中，這位朋友得知阿里的主管完全誤解了阿里那種安靜謙遜的作風。阿里的主管欣賞他，但是始終沒把握阿里能否完成任務。由於想要輔助他，他主管認為提供經驗以及插手和客戶打交道是在幫忙他。當阿里對主管的插手感到沮喪，主管卻認為自己是在提供支持和幫助。真相可能介於這兩者之間，可是如果沒有人來幫忙協調雙方的感受，阿里和他主管可能永遠不會明白這是怎麼回事。而阿里很可能會辭職，永遠不知道他主管自認為是在幫助他成功。

即使只是稍微洞悉了主管的想法，就給了阿里勇氣，讓他改變和主管打交道的方式。如今他每次和主管談話，都會先檢視事實情況，再提出他認為可行的方案。他也開始把主管視為資源，而不是嫌對方管得太多。及早徵求主管的意見支持了阿里走上正確的道路，並且讓主管放心，知道阿里能夠勝任愉快，能被信任。這是個微妙而有效的改變，也幫助阿里在他的新職位上日漸得心應手。

在阿里曾經準備要辭職的一年之後，主管給了他愈來愈多的決策權，阿里不需要一直去報告。他們仍舊在大型工作上協力合作，但是彼此發展出了一種指導關係，旨在培養阿里尚未掌握的技能，而不是一種糾正錯誤的監督關係。

要消除損害你自信心的微壓力，以下是幾個策略

我們周圍的人會在一些微小時刻動搖我們的自信，往往就連他們都沒有意識到。如果不加以約束，對你自信心的這些小小打擊會破壞你的一天、一週，乃至

更長的時間。但是，你可以阻止這些微壓力讓你心煩意亂。

直接和對方接觸，正面解決問題

如果某人經常給你帶來微壓力，損害你的自信心，那你就要特意提出有助於你了解他們主要目標和痛點的問題。從他們的角度來看事情。然後，竭盡所能地在對他們而言重要的方向上去幫助他們。隨著你對他們的幫助愈來愈大，他們的攻擊欲往往就會減弱，這是你用再多的事實、數字或邏輯和對方直接對抗都無法達成的。久而久之，當對方把你視為積極提供協助的人和解決問題的人，對你的看法就會改變。

透過你的人脈來間接解決問題

如果某個你信賴的人對那個造成你微壓力的人具有影響力，看看這個盟友是否願意以公正而且不起衝突的方式向對方指出正在發生的事。以這種方式讓事情避開公眾的視線，也許能夠減少對方的防衛心態，而且從中立的第三方得知此事，也許能使對方更加看清自己的行為。

在對話中加入架構，使之更有成效

建議在開會時遵循幾個基本原則，有助於把實質問題和個性衝突區分開來。專注於事實、比較多種可供選擇的方案、找出共同的目標、使用幽默感、平衡權力結構、尋求共識但服從權威。如果你做不到，也許可以找一位協調員，他能幫助大家看清自己何時過度挑剔，並且幫助每個人區分自己對一個想法的顧慮和對其他人個人的批評。

微壓力13：與家人或朋友的消耗型互動或其他負面互動

你曾經因為急著出門而對伴侶發脾氣，導致上班時心存內疚嗎？這種衝突會打亂你一整天。或是當你在工作時收到小孩發來一則簡訊：「老師說他不會協助我完成歷史課報告，明天就要交了」，也可能會讓你擔心好幾個小時。你的小孩沒能達到老師的期望嗎？是小孩太懶惰？還是老師不講理？你的小孩功課跟不上？諸如此類的擔憂。但實際上，你愛發簡訊的小孩可能只是在發洩一時的情緒。

等你終於見到他們本人，他們早就忘了自己發了什麼簡訊給你，而你卻為此焦慮了好幾個小時。你一整天都無法專心，擔心出了什麼問題，想像出最糟的情況，直到你回到家，看見一切都平安無事。我們可能會被親密家人的問題困擾，當事情需要我們介入和調解（也許是在家庭成員之間或是和孩子的老師），而突然之間，他們的微壓力就也成了我們的微壓力。而由於社會與文化對於什麼是好家長、好伴侶、好手足、好子女、好朋友往往有著不切實際的期待，許多人對於該如何處理這些情況都經常感到內疚。

對許多人來說，朋友和家人是他們並未意識到的微壓力最主要的來源。此處所談的並非與親戚失和的那種不愉快關係，也不是和昔日老友公然反目成仇，而是和我們最關心的人之間那些微不足道的日常互動，我們在這些互動之後長時間感到疲憊不堪。為了該由誰主辦家庭聚餐而和手足進行了帶有被動攻擊性的交談；和一位老朋友的對話劍拔弩張，因為你不同意他的政治觀點；當父母隨口說出的一句話暗示出他們不贊成你在人生中作過的某個小選擇，你覺得受傷。來自家人和朋友的微壓力是一種特殊形式的壓力，因為它們涉及往往深埋在複雜的友誼或家庭動態中的終身關係。由於我們愛這些人，或是至少有著共同的過去，我們對這些關係中的微壓力所起的情緒反應會被放大。如果一次互動不歡而散，我們無法就只是置之不理。

而這還只是微壓力的直接影響。長期下來，和家人與朋友的棘手互動所造成的微壓力會以各種方式更加惡化。

爭端如滾雪球般愈滾愈大。和家庭成員的棘手互動可能會波及更大的社交網路。也許你發現自己和法蘭克叔叔在政治上意見分歧，而其他的家庭成員對於同時邀請你們兩人出席活動可能感到不自在，於是你不再受邀。你可能在餐桌上過度發洩了對姊妹一時的不滿，而你的小孩開始疏遠他們曾經喜愛的姑媽，因為他們感覺到有一場家庭紛爭正在醞釀。有關負面互動的故事會流傳出去，然後別人會對我們作出不好的評價，這又會製造出進一步的壓力。最後你會認為自己必須管理無意間引發的漣漪效應，這又愈發加重了你的微壓力。

把家庭生活帶進職場中。一如我們經常把工作壓力帶回家，個人生活中的壓力也會擴散到我們的職場生活中，占用我們的時間，打斷例行的工作程序，並且使我們無法專注於重要的優先事項。我們可能必須匆忙下班去處理一些事；我們會在工作時圖省事抄捷徑，卻又擔心同事會開始認為我們不夠盡責；或是我們在一場工作會議中花了太多時間談自己家裡的問題，當同事只想簡短地寒暄幾句。然後，在一種惡性循環中，當我們的工作效率降低，所產生的壓力又會反過來影響我們的家庭生活。

感覺自己家庭失敗。在某種程度上，這在挑戰你身分的微壓力當中最具破壞性。儘管我們在理智上知道，對於什麼樣的行為才算是善盡了我們在家庭中扮演的角色，這方面的期望可能並不切實際，但我們還是會擔心自己沒有對至愛的人善盡應盡的責任。在我們心裡，我們不是親愛的家人應得的配偶、伴侶、手足或子女。即使我們已經做了很多，但自認為永遠做得不夠好，這份內疚會加重我們的微壓力。

要避免和家人與朋友進行消耗型的互動，以下是幾個策略

在你生活中最重要的人際關係往往最充滿壓力。因此，請從打好正確的基礎開始。

和家人達成共識，針對優先事項、生活目標，以及你要把時間和金錢投入何處

從你最重要的關係開始：確保你們定期對話、一起作出取捨，並且弄清楚哪些結果對你們雙方而言都很重要，哪些則可以被犧牲。例如，一位受訪者每一季都會和妻子進行一次尋求共識的交談，看看彼此是否同意對方的優先事項，是否同意對方花費時間和精力的方式。另一對夫妻則製作了搞笑的成績單，在每個月的約會之夜拿出來討論。雖然這些反饋意見都很委婉或是藏在玩笑裡，仍足以促使他們好好談談彼此在哪些方面還能做得更好。

讓子女參與類似的對話，以確保每個人都感覺自己是團隊的一分子。問問子女你這個家長當得如何！這種互動不一定得是激烈的對話，也可以就只是快速地了解一下。如果你不知道一個問題正在醞釀，你就無法加以處理。以這種方式安排定期對話，可以避免負面情緒產生。

進行坦誠、前瞻性的對話來解決問題

我們的受訪者當中有些人在與他人的互動中作出了微妙的改變，以微小的方

式來把微壓力降到最低。試想一下米拉的做法，她在一家全球軟體公司擔任部門經理，和手足協調照顧年邁的雙親所帶來的壓力愈來愈大，如果上班時接到她妹妹的電話，要商量替父親預約看診的時間，就可能會影響她一整天的工作。

她承認：「我的態度不是很好。我唯一的念頭就是我是否又得要請一天假，我對妹妹很不耐煩。」由於米拉做的是全職工作，在照顧雙親的日常生活上，她妹妹最終承擔了較多的責任。而米拉為此感到內疚。她和妹妹從未公開爭吵，可是每當她們討論新出現的需求，氣氛難免會變得緊張。米拉說：「不管我們決定怎麼做，最後我都會覺得自己很糟糕。」

幸好，米拉並沒有立刻再預請一天假，而是退一步思考，意識到她和妹妹只是在被動地作出決定，而非一起制訂計畫來處理雙親日益增加的需求。因此，她建議她們共進晚餐，來談談未來該怎麼走。她們各自分享了自己感覺做得不夠好的地方，不只是對父母親，還有對她們自己的家庭。米拉告訴我們：「我原本不知道她的感受，我以為她只是對我感到失望。這樣開誠布公的對話真的很有幫助。」對於她們經常出面幫忙父母親，而哥哥卻從未出面，她們姊妹倆也首次表達出不滿。他與人合夥經營一家顧問公司，工作很忙碌，可是兩姊妹甚至連想都沒想過要請他幫忙。她們討厭自己落入了性別刻板印象的窠臼，這種刻板印象認為家庭的額外需求總是要由女性來承擔。她們不認為這是他們家的情況，而且她們肯定不希望自己的孩子接收到這種訊息。

於是米拉和她妹妹每隔幾週就會進行例行對話來安排日程，把她們知道將會需要處理的事列出來。這番談話會把重點放在規劃上，而非暗示誰做得比較多。她們請哥哥在週末時幫忙，例如在他工作不忙的時候。令她們驚訝的是，哥哥很樂意協助。之前他覺得自己被排除在外，當兩姊妹在決定如何照顧父母時沒有徵求他的意見，現在他很高興終於能夠參與對話。而且三兄妹都同意他們無法無限期地獨力處理這個情況。她們請哥哥去了解父母居住地的「年長市民委員會」能提供哪些可用的資源。

藉由退一步來檢視她和手足所陷入的有害模式，米拉得以重新打造他們合作協助雙親的方式和時間，而不至於陷入對彼此生氣的情況。

改變你和負面的人相處的方式

細想一下你和你人生中每個重要人物的整體互動，再想一想你可以如何對每一份關係作出改變。你可以試著改變一種行為或是和某個人保持距離，藉由延遲回應或是只在節日和對方見面。或是你也可以勇敢地擺脫那些持續造成損害的人際關係。

可能你的生活中就有這樣的人。也許是家族中的某個成員，他總是凡事都往壞處想。即使是和這些人的小小互動也會讓你窘迫不安。你不必立刻就和此人斷絕往來，但是你可以設法減少和對方接觸。具體的做法是逐年減少和對方互動的次數，在對方來訪時減少你和對方相處的時間（在節日家族聚餐時不要坐在對方旁邊），如果你們必須碰面，確保你們是在一大群人當中，好讓他們的負面情緒能被眾人淡化。可是如果這些做法都無法消除此人在你生活中造成的微壓力，那就不妨考慮作出更大的改變。雖然和某個人斷絕往來與要求我們當個好朋友或好家人的社會訊息背道而馳，許多受訪者發現，有時候這樣做就是最好的解決辦法。

接受有些事是你無法控制的

為你願意做的事設下限度，然後就允許自己不去理會其他的事。與處境相似的人談一談，以了解哪些事是合理的，哪些不是。這種交談也能讓你放心，知道有些事本來就很困難，不是只有你覺得辛苦。一位受訪者曾因學校試圖讓她發展遲緩的兒子退學而和校方起衝突，從而承受了巨大的壓力。為了讓兒子繼續留在學校，她長期和校方進行抗爭。之後她加入了子女有類似問題的家長互助團體，得知如果她讓兒子退學，她就得自己設法解決他的教育問題。於是她聽從了其他家長的建議，拒絕退學，而請求學校董事會把她兒子轉到另一間學校，該校能提供他所需要的支持。

微壓力14：當你的人際網路被打亂

我們的成功、失敗和心理韌性幾乎總是由當時與我們同在的人所塑造。這些人成為我們自我意識中不可或缺的一部分。我們可能會緬懷工作上的艱辛時光，因為我們對同事深懷敬意：當時我們曾在一起打拚。或是我們可能在個人生活中仰賴某些人來幫助我們，在遇到人生難題時保持堅強。與我們互動的個人和團體在很大程度上塑造了我們在這世上的自我意識。因此，當我們和這些人的連結被打斷（有時並非由於我們的過失），我們的感受會很強烈。

許多人都有幸在工作生涯中擁有真摯的友誼。當一位親近的同事或是很棒的主管離開，我們難免會覺得有點失落。一夕之間，我們失去了延伸出去的一部分自我——失去了一個不僅幫助我們完成工作、也幫助我們忍受職場微壓力的人。

我們得找到新的途徑來和尚未建立起關係的人協力合作，必須重新定位自己和其他人的關係，設法建立起信賴，這是我們之前無須擔心的問題。或是當我們接下一份新職務，又重新成為新人，即使是在同一間公司裡。我們必須學習如何把事情做好，弄清楚誰是關鍵人物，以及如何解讀政治地貌。於是我們感受到更大的壓力，部分原因在於我們失去了那些成為我們盟友的人，他們幫助我們理解事態，支持我們的努力，並且和我們關心同樣的事。少了這些人來抵銷日常生活中微壓力的打擊，我們會發現自己較難抵擋周圍的壓力。

其他的後續壓力也可能會出現。

對家人造成的漣漪效應。凡是曾經為了工作而遷居的家長都知道，要讓孩子離開原有的安定生活、再適應新生活是多麼困難。這樣的搬遷無疑是種很大的壓力，而它還會帶來一層層無形的微壓力。你的小孩得要設法弄清楚新社區的行為準則，鼓起勇氣獨自走進當地的青少年活動中心，或是在陌生的舞蹈課上站穩腳步。家裡的每個人可能都必須更換醫療服務院所，在花了許多年跟之前的各科醫生建立起關係後，又得要從頭開始。你和你的伴侶可能決定一起搬遷，但是這不表示你的伴侶不會受到一波波微壓力的打擊。他們可能得要拋下朋友和其他重要的社交管道。當然，這些微壓力都會再回到我們身上，我們所愛的人在人際網路變動時感受到的壓力也會影響我們，而且反之亦然。

重建人際網路的代價。即使是生活中的小轉變也會引發重建人際網路的需要，包括盟友、指導者和支持者。比如說你被調到別的部門工作，新部門的節奏不同，規範也不同，你可能無法再計畫在週五和公司其他部門的夥伴共進午餐了。摸清新的工作環境需要投入精力和時間，這可能會讓你偏離自己的主要職責。可能你無法再像以前一樣，在週四早早下班去上吉他課。你得設法弄清楚哪些同事會給你支援，如果你在哪件工作上難以趕上進度。因此，在你重建人際網路的時候，往往會面臨得要加倍努力做好工作的壓力。

逐漸變淡的人際連結。對許多人來說，工作與生活的要求消蝕了我們和團體保持聯繫的能力，這些團體曾經是消除日常生活微壓力的有效解藥。我們並非有意讓這種情況發生，和這些團體的聯繫就只是隨著時間而逐漸減弱。我們退出了自己曾經喜歡的運動團體，不再從事對心靈的探索，或是由於專注於工作而失去了社會聯繫。可是，少了這些工作之外的人際網路來平衡我們的生活，我們就會更深刻地感受到日常生活中的微壓力，回應這些微壓力的能力也更差。

即使一次變動可能是正面的，也不表示事情就很容易。例如，在一個大型工業組織擔任主管的卡爾登告訴我們，當他的公司被一家全球大企業併購，他發現自己意外地感覺有點無依無靠。這項併購帶來了一連串正面的改變，包括他的薪資和職級提高，讓他和組織中其他部門的同儕同級。儘管在理論上，他的工作生活沒有太大的不同——他仍舊是同一個部門的中階主管，有幾個直接屬下——卡爾登卻覺得自己像是從零開始。他必須弄清楚自己該如何融入，他能和誰合作，雷區在哪裡，機會又在哪裡。每個人都很友善，但是在新同事當中他還是免不了覺得有點孤立，因為同事當中有許多人彼此已經相識多年。

他在財務部門的好友史考特總是對他遲交的費用報表網開一面，但是史考特被調到新組織中的另一個職位了。而在新的組織結構中，卡爾登的主管是來自那家全球公司的一位資深經理。除了職務上的互動，這位經理似乎沒有時間來認識卡爾登。卡爾登解釋：「我之前的主管蘇珊很擅長在我感覺工作壓力太大時勸我放鬆。可是她在公司被併購之後離開了。如今我感覺到工作壓力太大時不敢讓我的新主管知道，因為他可能會認為我無法勝任這份工作。」他擔心新同事可能會感覺出他的焦慮，從而認為他缺少自信。

幸好他在擔任新職務將近一年的時候抓住了一個機會，和不同辦公室的一位新同儕建立起良好的關係。當他和這位負責物流的同事討論例行事務，對方順口提到了供應鏈上的一個小問題。卡爾登豎起了耳朵：這個問題聽起來就跟公司合併前他曾幫忙解決的一個問題很相似。他再問了幾個問題，以求深入了解，並且確定自己了解問題所在，然後表示願意幫忙解決。插手這個供應鏈問題並不屬於他的職務範圍，但是他知道自己幫得上忙。更重要的是，他看出了和同事建立起良好關係的機會，與之前純屬職務上的對話截然不同。在兩個月之內，卡爾登就幫忙解決了問題。更重要的是，他得到了一位盟友。

卡爾登體認到，試著用他的經驗來幫助新同事，可以是建立良好關係的有力工具。因此，他特別留意主動和公司其他部門的同事聯繫，表面上是為了討論一些共同事務，但是他會確保每次對話都有機會向對方提問。他會問：「嘿，我還在設法了解我們母公司的作業方式，我很希望你能和我分享一下你正努力想完成、但卻覺得很吃力的事。」雖然有些談話沒有結果，另一些談話所揭示出的問題他幫不上忙，但某些談話所揭露的問題卻是他有能力幫忙解決的。一旦發現機會，卡爾登就會主動幫忙解決那些問題。即使沒有發現問題，他也會利用這些會議把話題岔開，聊聊個人的事。即使就只是簡單問一句「你這個週末有什麼安排嗎？」或是「你有什麼有趣的旅行計畫嗎？」，偶爾就也能發掘出共同的興趣。在這個過程中，他發現了一位愛喝葡萄酒的同好，也發現有人跟他一樣熱愛高爾夫球，還有人跟他一樣喜歡騎自行車。

公司合併兩年後，卡爾登的職場人脈包括了各種朋友和盟友，其中包括了幾位資深主管，他們協助他找到自己在公司裡的位置。

人際網路被打亂時的幾個應對策略

你在過渡時期（不論大小）的成功，取決於和範圍廣泛的人建立起良好關係和善意。和重要的利害關係人、顧客、客戶建立起良好關係，並且在工作之外建立起新的朋友網路和人際連結。

替過渡時期預做準備

即使是在最好的情況下，過渡時期也不容易。因此，在一切順利的時候就要積極準備加入團體的過渡時期——像是接下一份新職務、一份新工作或是加入一個新社區。拓展你的人際網路，有助於確保你不會過度依賴任何一個身分認同的來源。從零開始建立起人際網路是困難的，尤其是在個人生活方面。我們的一位受訪者為了確保他在換工作時不會給家人造成困難，就把求職範圍限定在他目前任職的公司或是在他們一家人五年前住過、而且很喜歡的一座城市裡的其他機構。當他在那座城市找到一份新工作，他和妻子就在從前的住處附近買下一間屋子。他妻子重新加入了以前曾參加過的無伴奏合唱團。以這種方式，他們預先減輕了免不了會隨著搬遷而來的微壓力。

指導時間

了解你的價值觀

如果你並不了解自己是什麼樣的人，不了解你看重些什麼，你就無法應付對你身分認同的挑戰。你可以按照下面這三個步驟來開始記錄自己的想法。

一、找出你的核心價值觀

首先列一張表，在第一欄寫下你的核心價值觀，其餘四欄則寫下威脅到這些價值觀的微壓力。（表4-1是一名高績效員工所做的這項練習。）在第一欄裡，找出三種職業價值觀和三種個人價值觀。請寫得具體一點。在職業上，這可能包括指導後進、發揮創意、永續發展、社會正義、使企業成長、賺大錢、與同事共創理想的未來，或是對客戶產生正面影響或改變人生的影響。在個人層面，你的價值觀可能包括社區參與、幫助弱勢、陪伴家人、當個好朋友。試著回想你人生中發光發熱的時光，仔細想想你的價值觀和你當時與其他人的互動，如何創造出這些時光。

二、找出使你偏離這些價值觀的外力

找出可能使你距離這樣的自己愈來愈遠的那些微壓力。準確找出阻礙你成為這樣的自己的那些負面互動。（要記住，負面的互動對生活滿意度的影響總是遠大於正面互動。）

當有人削弱你的自信、價值或掌控力	你的人際網路被打亂	和家人朋友的負面互動或消耗型互動
來自各個利害關係人的要求未經協調，沒有足夠的時間來履行職責		
	職能小組中的重要盟友離開，使得要替團隊爭取額外資源變得更難	
	最親近的同事為了追求別的機會而離開公司，使你失去了在微小時刻為你注入活力的重要人際關係	和遭遇困難的青春期子女互動，影響了你能給同事的剩餘精力
個別利害關係人在工作上的要求過高，使得工作占用了平常用來和教會團體相處的時間	你參加了六年的核心團體最近解散了；與教會的關係感覺不再那麼緊密	
		和青春期的子女相處困難，占用了你原本想用在配偶身上的時間
由於職務設計而導致工作量忽多忽少，結果錯過了在「英語非母語者輔導教學團體」和慈善廚房的志工服務		

表 4-1 ｜你看重什麼？

核心價值觀	衝擊你核心價值觀的微壓力
職業上	**受到壓力去追求與個人價值觀不一致的目標**
在數據科學領域成為造詣深厚的專家	頂頭上司施加壓力，要求在資料分析上抄捷徑，以增加所完成的專案數量
成為服務型的領袖，關心其他人的發展與成功	主管施壓，要求壓低成本結構，排除了員工的發展機會
在工作上為其他人提供能量和激勵	
個人生活上	
透過服務和在教會的人際關係來實踐精神價值	
全心關愛配偶	苛刻的主管提出的工作要求，占用了你能夠全心與配偶相處的時間
為了讓世界變得更好而積極作出貢獻	

三、制訂計畫來改變負面的互動

找出你將採取的三件具體行動，以解決你所完成的表格中最重要的幾個微壓力。常見的步驟包括和曾與你有過負面交流的人談一談，以改變你們的互動；如果直接和對方接觸太困難，就去找個受對方信賴、也願意聆聽的人代為傳達你的訊息；拉長你們每次互動的間隔時間，或是縮短互動本身的時間。如果這些做法都沒有用，你永遠都還可以選擇退出互動。我們訪談過的一位高績效員工想出了下面這張行動清單：

- 替團隊承接的工作建立門控功能和時間估算，以確定優先順序，並且劃定界限。
- 找主管討論，就團隊的發展需求和團隊利益取得共識。
- 和全家人一起坐下來，共同商定全家人都重視的核心價值觀，以及如何確保每個成員都能感到滿足。

避免在過渡時期落入焦點狹隘的陷阱

當我們進入一個新的情況，不管是換了工作、共事的人有了變動，還是更重大的改變，許多人會認定自己需要掌控新的部分，因此減少了可能會讓他們偏離這個目標的人際關係和活動。但這樣做是錯誤的。太過專注可能會導致生活只剩下一個層面——你沒有什麼解藥來平衡此時難免會向你襲來的微壓力。於是，在這樣的過渡時期，當你在工作上（或家裡）遇上困難，你的生活中幾乎沒有別的東西能夠抵銷這股壓力。與其過度專注，不如把過渡時期當成一個起點，來建立新的人際網路，打造你想做的工作以及你想和誰一起做。並且利用這些過渡時期來反省你希望讓哪種人加入你工作以外的生活，有意識地建立並重新活化你在工作之外的朋友圈。

與你的昔日重新連結，以拓展你的人際網路

許多人在三、四十歲時發現自己已經脫離了曾經對他們很重要的活動和團體。要扭轉這個趨勢，可以重新發掘你過去的嗜好或興趣，來幫助你快速加入新的團體。一位受訪者喜歡修理汽車，但是有許多年的時間他都沒空從事這項興趣。

當他的子女長大成為青少年，他買下一輛破舊的福特A型古董車，開始利用週二晚上在他的車庫裡改造這輛車。消息傳開了，於是接下來這幾年，他的車庫成了五、六個中年修車迷的聚會場所，他們協助他拆卸那輛車，修理或更換損壞的零件，也一起喝杯啤酒。

對我們身分認同的挑戰不見得總是在重大的道德抉擇中出現，而可能發生在侵蝕我們自我意識的日常微壓力中。許多受訪者都描述自己有許多年生活在一種「回聲室」中，當他們在工作上和個人生活中所作的選擇都得到身邊人的支持，即使事後看來，這些選擇讓他們走上了錯誤的道路。在我們的研究中，那些有過兩段、甚至三段婚姻的人，那些身體健康出現危機的人，或是那些和家人關係疏離的人，幾乎總是讓生活的層面變得過於單一，或是只專注於他們認為別人期望他們去做的事。這些決定是在微壓力中作出的，亦即在這個過程中挑戰他們身分認同的那些微小時刻。每一個選擇個別來看都很合理，直到它不再合理。一名受訪者告訴我們，有許多年的時間她完全讓工作來定義她的身分，直到她在個人生活上遇到了一次危機，她才恍然意識到這一點。她告訴我們：「我母親非常辛苦地對抗癌症，在七個月後過世，而在她的葬禮上，我賣命工作了八年的公司沒有一個人出席。」

挑戰你身分認同的微壓力會暗中對你的生活造成損害，尤其是因為你甚至沒有意識到發生了什麼事。而最糟的是，在這個過程中你一直是共犯，不斷作出並不明顯的微小決定，而這些選擇最終使你距離你想成為的那個人愈來愈遠。不過，要修正方向永遠不嫌晚。如同我們將在下一章討論的，我們訪談過的一些高績效員工成功地避開了這個陷阱。雖然在任何人看來，他們在職業上都非常成功，但他們沒有讓成功遮蔽了自己的身分認同和價值觀，不管是在工作上還是在工作之外。事實上，我們認為他們之所以獲得成功，正是因為他們非常清楚自己是誰。他們的生活不僅是由他們的工作來定義。在下一章，我們將會探討這些人是如何達到這種平衡的。

Chapter 5

那些十中挑一者做對了什麼

十中挑一者：在我們訪談過的高績效員工當中，有一組人不僅在管理微壓力上是佼佼者，同時也藉由微小時刻與他人建立起真實連結，而過著多層次的豐富生活。

主要洞見

❖ **負面互動對我們的幸福所產生的影響總是大得超乎比例。**因此，即使只是消除你生活中的兩、三個微壓力，都能讓你的生活大為改觀。

❖ **那些十中挑一者擅長做三件事，是我們其他人可以學習的：**

○ 抵擋個別的微壓力

○ 意識到他們所造成的微壓力會再回到自己身上

○ 過著多層次的生活，使得許多微壓力對他們來說變得無足輕重

❖ **其他人是我們生活中出現微壓力的原因，但他們也能幫助我們消除微壓力。**稍微改變你的習慣和做法，你就能找到一些小方法來和其他人建立起良好關係，不僅能有效地消除微壓力，也能靠著心理韌性、身體健康和人生意義替幸福打下重要的基礎。

❖ **要對抗微壓力，你需要的並不是一、兩個生死之交。**相反地，多樣化的人際連結——不管是在工作上還是在個人生活中，有助於你正確看待自己承受的微壓力，並且幫助你建立更令人滿意的生活。

❖ **這些十中挑一者的秘訣是：他們在與其他人的連結中活得更充實。**他們沒有把幸福當成某種在地平線另一端的東西來追求，那個有朝一日他們將會抵達的地平線——也許是等他們的收入終於達到某個水準，或是等他們得到某個職稱，還是等他們終於退休。他們打造自己的生活，建構出多個他們真誠參與的團體，而且深深倚靠與他人建立起連結的微小時刻，這些微小時刻對他們的心理韌性、身體健康和人生意義作出了重要貢獻。

五十萬美元對你來說意味著什麼？

這聽起來可能像個好玩的假設性問題，但是馬修必須在現實生活中回答這個問題。公司被收購意味著他得要調到另一座城市，才能保住他的職位以及隨之而來的豐厚薪水和獎金。此舉也替他奠定了職涯發展的基礎，他被選中就表示他是個具有高潛力的員工，有機會升上更高的職位。然而，要保住工作就需要舉家搬遷。這也意味著拋下他過去培養出的龐大人脈和個人社群——有些朋友是他從小就認識的。另一方面，留下不走就等於放棄五十萬美元的薪資和獎金。

在他的職業生涯中，四十三歲的馬修首次發現自己舉棋不定。公司的同事無法理解他的猶豫。他怎麼能考慮拒絕這個機會呢？馬修描述了別人的反應：「在公司裡我問過的每一個人都在大約三十五秒之內就會說：『笨蛋，這還需要決定嗎！你怎麼會想要少拿五十萬美元的薪水？』」

猶豫了幾個星期之後，他最終決定放棄這個職位和五十萬美元，而在離家比較近的另一家公司找到一份待遇沒有那麼優渥的工作。他的同事都認為他瘋了。但是馬修並不後悔，他告訴我們，他唯一後悔的是他差點就作出了錯誤的選擇。

馬修屬於後來被我們稱為「十中挑一者」的那群人，我們這樣稱呼受訪者當中大約十分之一的人。這十分之一的人要應付的微壓力在數量和速率上都與其他人一樣，但是這一群人在工作上的表現卻優於其他高績效員工，同時也在個人生活中保有幸福和意義。

馬修之所以突出，是因為大多數的受訪者都過得很辛苦。只要你剝開一、兩層外殼，赤裸裸的情緒就會浮現：疲憊、由於辜負了別人而感到內疚、令家人或朋友感到失望，還有一種揮之不去的感覺，不滿於自己的生活何以成了如今的樣子。而且別忘了，這些人被認為是搞定了一切的人——在世界上最富盛名的一些組織中的佼佼者。如果就連他們都過得很辛苦，那我們其他人還有什麼希望？

但是一場訪談偶爾會有不同的結果。我們會遇上一位像馬修這樣的成功人士，他沒有被擊垮，似乎沒有懷著太多遺憾，身體比較健康，在工作和家庭之外還擁有豐富的生活。這個對比十分鮮明。這就是那些十中挑一者，而我們想要了解他們，想了解他們的做法有什麼不同。

從表面上看來，馬修和我們研究中的其他佼佼者並沒有什麼共同點。他們來自各種不同的背景，在各式各樣的公司與產業中擔任不同的職位。不過，我們觀察到一些重複出現的模式。每個十中挑一者都作出審慎的選擇來塑造他們生活中的人際關係。他們以更寬廣、更多元的方式來定義自己的成功，並且要求自己為此負責。要達成這一點，需要和各種不同的人建立起連結，包括在工作上和工作之外。而這些人際連結又會反過來幫助他們抵抗嚴重的微壓力。這是個良性循環。

在這一章，我們將會探討這十分之一的人用來減輕微壓力的策略，讓你能夠運用在自己的生活中。我們將幫助你看出哪些具體的微壓力是你能夠改變、消除或學習接受的。我們也會幫助你看出你可能給別人造成的微壓力。然後我們會說明這些十中挑一者如何預先保護自己免於受到微壓力的傷害，藉由建立並維持包含各種愛好和人際關係的多元生活。

在我們進行研究期間，我們兩人都開始採用這些十中挑一者的一些做法。我們可以告訴各位讀者，這些努力給我們兩人都帶來了有意義的改變，也讓我們更加佩服這十分之一的人，他們似乎自然而然地就這樣生活。以下就是大家都能從這些十中挑一者身上學到的東西。

控制好你的微壓力

誰都無法消除生活中所有的微壓力，想這樣做是不切實際的，但我們可以使情況改善。研究顯示，負面互動對我們造成的損害很可觀，其影響乃是正面互動的五倍。因此，就算只減少生活中少數幾個微壓力，也能產生深遠的影響。從我們的研究中可知，大多數人都能找出三到五種機會來轉移微壓力的影響，帶來明顯可見的改變。

然而，每天都有幾十種微壓力向你襲來，你如何知道該從哪裡著手呢？按照那些十中挑一者的做法：從小處著手。他們發展出一種三管齊下的做法，非常有效：

- **以務實的方式來抵擋某些微壓力。**你可以找出一些有效的小方法來對抗幾種微壓力。這樣做能對你的日常生活產生很大的影響。
- **停止給別人造成微壓力。**此一做法令人茅塞頓開之處在於這不僅能幫助別人，也能幫助你自己。當你給別人造成微壓力，這份壓力不可避免地會以某種形式再回到你身上。因此，少引發一些微壓力就意味著你受到的微壓力也會減少。

- **超越於某些微壓力之上。**某些微壓力之所以會影響我們，就只是因為我們任由自己受到影響。我們的反應有許多是自找的；而我們的生活層面愈是單一，我們就愈容易反應過度。你可以從那些十中挑一者身上，學到以正確看待眾多微壓力的方式來生活。

我們設計出一個簡單的練習來幫助你做到這一點。我們製作出一張總表，包含了所有常見的微壓力類別（表 5-1）。最上面一行列出了可能造成你微壓力的幾類人物。最左邊一欄詳述了你微壓力的來源。這是個簡單的方法，讓你著手記錄可能存在於你生活中的各種微壓力。

首先，找出你能刻意抵擋的兩、三種微壓力。挑出那些在你生活中已經根深柢固的微壓力——那些你放任它們在你每日的辛苦奮鬥中持續存在的微壓力。用X標記出來。

以你能夠處理的小單位來思考，而不要設定過高的目標，夢想能一次解決。簡單地改變互動的方式、拉長互動的間隔時間，或是在可能的情況下以某種方式切斷連結（下文中還會加以討論），這都能對你的整體幸福產生重大影響。

一位高階主管告訴我們，他並沒有立誓要在工作日關閉所有的簡訊通知，因為這種做法並不實際，他只是請求他在讀大學的女兒不要把對生活的隨口抱怨都用簡訊傳給他。女兒不再傳來無關緊要的評論，像是「我今天說的笑話，瓊斯教授沒有笑」或是「我室友每天晚上都過了半夜才回來，把我煩死了！」單是這一個改變就替他消除了大量的微壓力。單單只是把自己的感受用簡訊傳給爸爸，就幾乎立刻幫助他女兒消除了壓力，可是他卻會擔心一整天，直到他有機會和女兒交談。他說：「有好幾次，她甚至想不起來我指的是哪件事。她早就把那件事忘了，可是我卻擔心了好幾個鐘頭，讓我無法專心工作。」他改為在開車回家的途中隨機打電話給女兒。有時候女兒沒空交談，但也有些時候，他的來電會讓父女倆有一番愉快的隨興交談，讓他了解女兒的近況。

下一步，把這張表再看一遍，反省你給別人造成的兩、三種微壓力。在這幾格裡用一個大大的Y來標記。你可能需要花幾分鐘來想清楚，但是我們確信你會找到幾個好例子，關於你給別人製造出的微壓力。一位高階主管告訴我們，他太過保護手下團隊，乃至於他發現自己總是在盯著屬下工作，有時會在會議中代替他們回答問題，並且經常檢查和質疑他們的工作。他意識到自己的這種習慣使得

表 5-1 ｜找出你微壓力的來源

是什麼導致了你的壓力？	是誰導致了你的壓力？					
	上司	領導者	同儕	客戶	團隊	家人
消耗你個人能力的微壓力						
• 職務或優先事項不一致						
• 其他人不可靠						
• 權威人物的行為難以預測	X					
• 協力需求的數量和多元					Y	
• 在職場或家裡的責任增加						
耗損你情緒儲備的微壓力						
• 擔任管理職，感覺要為其他人的成功和福祉負責					X	
• 衝突性的對話						
• 對你的人際網路不信賴						
• 散播壓力的人			Y		Y	
• 政治操弄			O			
挑戰你身分認同的微壓力						
• 追求的目標與你個人價值觀不一致而帶來的壓力						
• 你的自信心、價值感或掌控感受到打擊	O					
• 與家人或朋友之間的消耗性互動或其他負面互動						X
• 你的人際網路被打亂						

註：X 代表你該採取行動去對付的微壓力；Y 代表你正在給別人造成的微壓力；O 代表你正沒必要地放大的微壓力。

團隊成員會懷疑自己的能力。他們會問他一連串的後續問題，確保自己按照他的方式來做事，而非自己主動作出決定。在客戶眼中看來，他們的工作的確做得不錯，可是由於他把標準訂得高於實際所需，他無意中使得手下團隊在同事眼中顯得能力不足，本身則顯得是個沒效率的主管。

最後，第三次檢視這張表，想想哪些微壓力被你沒必要地放大了——在哪些互動中你需要學習以更正確的方式來看待事情。在這幾格裡加上一個大大的O。大多數人在生活中都曾有過這樣的經驗：當我們抱怨著自己所面對的各種微壓力，然後某件真正令人恐懼的事發生了，也許是健康亮起紅燈、家裡有人去世，或是發現你深愛的人正面臨嚴重的問題。一瞬之間，兩分鐘前還顯得很重要的那些事——同事搶了你的功勞、上司不斷改變主意，和手足之間的意見分歧一觸即發——立刻就變得微不足道。面對生活中的微壓力，我們都可能會目光過於短淺。我們糾結於那些自己改變不了的事，陷入憤怒或痛苦的情緒，讓這些情緒影響了我們的工作和人際關係。從這些微壓力中挑出兩、三種，主動將之放下，你就能不再糾結於這些長期看來無關緊要的小事。但是你必須有所自覺地決定去這樣做。

一位受訪者告訴我們，有許多年他都糾結於有位同事似乎經常受到主管稱讚。

他告訴我們：「她會由於她的工作而在會議中被提出來表揚，然後她就笑得合不攏嘴，讓我心裡很不痛快。我覺得這當中似乎有政治因素，而我根本沒有勝算。」在深入了解之後，我們得知這位同事並沒有比他更早獲得晉升，也沒有承接更有利的任務。雖然他可以說出一大串令他不愉快的事，但事實上，他的工作完全沒有被這位同事影響。他得出的結論是：「我花了太多時間糾結於實際上對我工作影響不大的事。」

讓我們以梅莉莎所填寫的表 5-1 為例，來把這個練習檢視一遍。梅莉莎正在努力適應一份給她帶來新主管和新同事的新工作。經驗告訴她，一旦她習慣了新上司、適應了新同事，壓力就會減輕。可是幾個月過去了，她仍然沒有適應新的工作環境。這個練習幫助梅莉莎找出問題出在哪裡，以及她該如何解決。

對梅莉莎來說，以這種方式來檢視她的微壓力有個好處，就是讓她看出自己每天都在應付些什麼。她知道在現實生活中，她不可能奇蹟般地找到一個方法來解決她所有的微壓力。倒不是說她不想——她一直問我們她能不能挑出三個以上需要優先解決的微壓力！而實際的回答是「不能」。但是，如果你把精力集中在少數幾個影響力大，又根深柢固、值得你採取行動來解決的微壓力上，你就能帶來很大的改變。關鍵在於你很明確地知道你想要改變什麼。

梅莉莎原本以為她只是在家庭和工作之間左支右絀，並且為自己的不足自責。但是透過這個練習，她發現微壓力的一個具體來源是她的一個主管，對方是個難以預測的權威人物。這位女性主管人並不壞，但是她本身也在努力應付執行長不斷改變的優先事項，並且轉嫁到梅莉莎身上。一旦找出了微壓力的來源，梅莉莎就能想出策略來對抗。她開始請主管和她一起排定她工作的優先順序，好讓她把時間用在最重要的事情上。在進行討論時，梅莉莎向主管說明主管的要求所帶來的影響。她詳細敘述了最近發生的兩個情況：一個情況是，主管在策略上的改變意味著梅莉莎必須讓手下團隊在半途中止一項專案，但又不能讓屬下因為白費力氣而感到難過。另一個情況則是源自主管對梅莉莎團隊中某個人隨口提出的一個建議。由於此人認為這是主管的正式要求，這句隨口說出的意見就一發不可收拾。透過這番談話，她主管開始明白自己在無意中引發了梅莉莎和她手下團隊的微壓力。她們商定了一個快速回報策略，以避免日後再發生這類情況。

一方面，梅莉莎和她的主管學到了如何更好地溝通。這項進步表現為這兩位女士在行動上的具體改變。即使當主管無法避免要求團隊去做某件事——畢竟她也得回應執行長的要求——她也可以採取不同的做法。當梅莉莎需要和其他部門協調，主管可以迅速向她指出該向公司裡的哪些人求助，這樣一來，她就不必浪費時間試圖擠進他們過滿的日程表。偶爾，她主管也會親自出面幫忙。她和梅莉莎成為一個更加協調一致的團隊。

當我們問起梅莉莎她自己如何給別人製造出壓力，她有點驚訝。在她看來，她沒有製造出壓力，而是幫忙解決壓力。她自認為是她生活中每個人的重要支持者。可是轉換視角揭露出了真相。稍加追問之後，她發現自己的確給別人製造出了壓力。為了回應主管快速改變的優先事項，梅莉莎會用電子郵件來重新協調她的團隊。而因為家人的需求（家庭作業、體育活動、學校活動、晚餐）占用了她每天晚上大部分的時間，她要等這些事做完之後才能完成自己的工作，所以她會在晚上十點開始發送電子郵件，或是在清晨四點就起床趕進度。當然，在那個時候她既疲倦又不專心，所寫的郵件往往語義不明。她經常收到回信請她說明清楚。她在無意中造成了壓力，當大家都已經在擔心自己忙不過來。她同時也助長了那種「始終在線上」的風氣，而這正是她最不想看到的。

為了避免把這種微壓力擴散到她的團隊，梅莉莎做了一個簡單的改變。她仍舊按照自己的工作模式在晚上十點以後撰寫電子郵件，但是把郵件設定為隔天早上八點發送。她也安排了每週兩次的例會，來幫助全體團隊協調工作，並且避免她發出的電子郵件所引發的大量一次性互動，而且這些互動有時會偏離了方向。

她也發現別人（尤其是她的同儕和團隊）會敏感地察覺她受到的微壓力並且作出回應。她把微壓力傳給了他們，使他們焦躁不安，於是就會發出更多電子郵件和開會要求，以確保她對他們的工作滿意。這些為求心安而提出的請求又增加了她釋放出的微壓力。這個模式製造出一種不斷循環往復的微壓力。

她發現在會議之間安排十分鐘的休息時間，有助於她（和其他人）重新集中精神。要展開下一場會議時，她就比較不會把自己的微壓力投射到她的團隊上。有時候，她會利用一部分休息時間冥想五分鐘。她開始在朋友群組中變得更活躍，會傳個笑話，或是分享一則故事，講一次好笑的經歷。她的訊息立刻得到了回應。和朋友之間這些簡短而生動的聯繫不僅幫助她在白天裡集中精神，也幫助她恢復過去幾年她無意間中斷的人際連結。她發現幽默感就跟冥想一樣有效，能讓她擺脫微壓力。這種人際連結以及知道有人關心她的這種感覺會伴隨著她一整天。

當梅莉莎思索哪些微壓力是她可以置之不理的，她恍然明白了兩件事。首先，她花了太多時間試圖跟同儕去剖析某些政治操作。在做這個練習之前，她從來沒有意識到自己有這個習慣。她老是跟同儕提起一些其實並未影響她日常工作的小煩惱。她告訴我們：「我發現自己在做些傻事，像是試圖計算某個同事已經休過幾天假，是否還符合休假規定，或是試圖預測哪個同儕會去巴結主管。」當我們問她這些煩惱對她造成了什麼影響，她承認在大多數情況下都沒有影響。「我明白這大大浪費了我的時間和專注力。」

她領悟到的第二件事，來自我們在這個練習中請梅莉莎回答的最後一類問題，在我們一起檢視她的回答之前她並沒有想到過。她告訴我們她有幾個大學時代的好友相約去滑雪，卻沒有邀請她，她根本不知道有這趟旅行，直到她在臉書上看見他們歡樂出遊的照片，這讓她覺得很受傷。她承認這幾年來由於工作占據了她的生活，她可能疏忽了工作和家人之外的人際連結。於是，我們請她專注於檢視有哪些能幫助她消除微壓力的事物從她生活中消失了。從前，即使職務晉升耗費了她的時間和精力，她仍舊保持參加兩個對她而言意義重大的外部團體：一個犬隻敏捷度訓練團體（她飼養的狗參加區域性的犬隻敏捷度比賽）和一個當地的社區合唱團，該團每兩個月聚會一次，藉由歌唱來共度時光。她積極參與這兩個團體超過十年，結下了深厚的友誼。因此，不僅是這些活動能緩解她的壓力，和團體中的人所建立的情誼也一樣。由於最近這次晉升，再加上她的兩個孩子也到了需要她多參與他們活動的階段，她最終放棄了這兩個團體。當然，她並非有意這麼做。但是這兩個團體的活動都從她的行事曆上消失了，到後來她的狗在訓練上已經落後太多，不適合再留在那個團體中，而她也不記得自己最後一次開心歡唱是什麼時候了。

透過這個練習，她看出這兩個團體曾經大大消除了她生活中的微壓力。她告訴我們：「我沒有意識到這些人如何幫助我保持平衡，直到我看著這張表格思考。我認為這些團體幫助我從另一個角度來看待職場上的爛事。從前的我對這些爛事只會一笑置之。可是當我思考這張表格，我意識到自己在工作上耗費了更多精力在這上頭，而沒有任何工作之外的人際連結來平衡這一點。更糟的是，我把我和丈夫跟孩子相處的寶貴時間都用來談論工作上的瑣事，而非更重要的事。」

對梅莉莎來說，這個檢視微壓力並加以分類的簡單練習幫助她建構出一個具體的行動計畫。她把電子郵件設定為早上發送，在白天發簡訊給朋友來放鬆自己，不再擔心無關緊要的小事，也不再對小孩管太多。這些構成了一個具體的計畫，一個她實際上有機會完成的計畫。

當你逐步進行這個練習，想想你可以用哪些小方法來改變你的生活模式。有幾種方法是你可以使用的：

- **找出抵擋這些微壓力的機會。**在前幾章裡，我們建議了一些做法，能幫助你減輕微壓力的影響，並且避免讓它們成為慢性壓力。這個練習的關鍵則在於具體。找出幾種正在影響你的微壓力。想出具體的策略來抵擋特定的微壓力來源，就像梅莉莎的做法。「不再一收到訊息通知就立即回覆」可能是做不到的，但是「在晚上六點到早上八點之間關掉協作軟體 Slack 的通知」就比較具體，也比較可行。

- **改變你和微壓力互動的方式。**想一想你是否在某種程度上助長了問題，而你也許還根本不知道。即使是對話中的微小改變都能造成差異。一個中階經理人告訴我們：「一句我認為沒有惡意的話，聽在我主管耳中，就像是我在質疑他的能力。於是我改變了一句話的頭幾個字，把陳述句改成疑問句，而這就使我們的關係徹底改觀。」以這位經理人為例，他把「你不想要我們進行一次品質管制」改成了「你想要我們進行一次品質管制嗎？」這種微妙的改變能夠緩和整個互動。

- **設法找到機會來重塑關係。**在一次教導員工識別隱性偏見的訓練課程中，一名高階主管發現自己和一位難相處的同事配成一組。他們兩人都不認為自己懷有任何隱性偏見，但是這項訓練幫助他們兩人意識到，他們都隱隱認為自己占據了道德制高點。這成了一次機會，幫助他們更加了解彼此，在他們可能意見分歧時消除了彼此互動中的一些火藥味。花點時間去了解可能導致關係出現裂痕的原因，並且設法克服。一個策略是把重點放在對方在生活中所熱中的事，不管是個人生活還是職業生活。此一做法往往有助於發現你可能從未意識到的共同點。

● **擺脫壓力源。**有些微壓力是你無法抵擋或置之不理的。那就不妨考慮和壓力的來源保持距離，或是完全脫離。這不表示你必須把某些人從你生活中完全剔除。保持距離的策略可以是暫時性的。你可以婉拒社交活動，如果那會使你做出你不想做的行為，或是你也可以提議用不至於引發壓力的方式來和同一批朋友聚會。在去看棒球比賽之前先聚餐，而不要在比賽結束後去當地的酒吧聚會，因為酒精所引發的緊張關係難免會導致爭吵。如果你找不出別的途徑來減少或消除一種造成嚴重損害的微壓力，就可以考慮與壓力源切斷連結。

在我們訪談過的人當中，最快樂的那些人都願意改變負面的人際關係，或是與之保持距離，像是難以相處的親戚、朋友或同事，選擇只在團體聚會中和他們碰面。一位受訪者告訴我們，在她的晨間健走團體中，有一位女性喋喋不休地抱怨自己的丈夫，讓這位受訪者聽得很不自在。最後，她開始託稱時間安排有困難，改為在週末和幾位團體成員進行一對一的健走。我們一再發現，能夠擺脫難以忍受之微壓力來源的那些人比較快樂。在我們的訪談者當中有些人選擇離職；為了避免遇上一個難相處的頂頭上司而選擇拒絕晉升；由於某個朋友太過小題大作或負面情緒過多而選擇放棄友誼；離開他們雖然喜歡、但卻給他們帶來太多工作的同事。事後他們都表示那樣做絕對是正確之舉。

教訓1：超越微壓力，善用人際連結的微小時刻

做完這個練習，找出了她能夠改善的微壓力之後，我們問了梅莉莎另一個問題：什麼有助於妳消除生活中微壓力的影響？

對梅莉莎來說，這個問題讓她從這個過程中得到了最意外的啟發。在她的生活中，沒有什麼能讓她暫時擺脫日常工作和家庭生活帶來的挑戰。由於工作占據

了她的生活，她讓工作與家人之外的人際連結悄悄消失。如同前文中所述，工作和撫養子女的責任使得她無法參加讓她得以保持情緒平衡的活動。她不再參加她的犬隻敏捷度訓練團體，也不再參加她熱愛的社區合唱團。

她以前從未想過自己失去了多少，當工作和家庭的需求使她逐漸和朋友失去聯繫，也逐漸失去了工作之外的其他人際連結。雖然當時她並未意識到其重要性，但是這些外部關係提供了她一種社會韌性，來對抗她每天所承受的微壓力。

就像梅莉莎一樣，隨著生活日漸忙碌，我們每個人往往都會脫離曾經讓我們全心投入的團體和愛好，而讓工作成為生活的唯一重心。我們變得比較狹隘，限縮了在工作和個人生活中發揮全部潛能的機會。

從我們研究中那些最快樂的人身上，我們得到一個最重要的啟示：其他人不僅能幫助你正確看待微壓力，也能幫助你建立充實、豐富的生活。很少有人在孤立中找到幸福。

我們在研究中所發現的每一種幸福模式都明白顯示出，個人的幸福取決於真實的人際關係。針對成人生活進行的一項為時最久的研究，即所謂的「格蘭特研究」（Grant Study），追蹤調查哈佛大學校友（包括甘迺迪總統在內）將近八十年，收集有關他們身心健康的數據資料。這項研究最重要的結論就是：決定人一生幸福與否的最大單一因素不是名望和財富，而是人際關係的品質。主持這項研究的羅伯特．沃丁格（Robert Waldinger）這樣總結：「照顧你的身體很重要，但是維護你的人際關係也是一種自我照顧。我想，這就是我們得到的啟示。」

有句古老的俗話說，如果你一生中能找到一個真正的朋友，那你就真的很有福氣了。但是我們的研究顯示出，單單一個朋友是不夠的。你需要各式各樣的人際關係（不僅是親密朋友），來幫助你度過充滿微壓力的現實生活。要獲致整體幸福需要在三個關鍵領域發展出對抗微壓力（並且過上充實生活）的策略：心理韌性、身體健康和生活意義。在這三個領域，你和其他人的連結將發揮極其重要的作用。關鍵在於這些人際關係的真實和多元。最重要的影響來自於和基於某種興趣而聚在一起的人建立起連結，例如詩歌、宗教、歌唱、網球或社會運動，而這些人來自不同的職業、社會經濟背景、教育背景或年齡層。共同的興趣往往能建立起真實而互信的互動，而觀點的多元有助於拓展我們的視角，來看待世界以及自己在這世界上的位置。這些人和這些經驗塑造了我們，使我們的生活變得多元。然而，儘管人際關係對我們的幸福如此重要，隨著歲月的流逝，有太多人疏忽了這些人際關係。

向我們述說了正面人生故事的那些人，全都提到和工作之外兩、三個團體乃至四個團體的真實人際連結：運動嗜好、志工工作、公民團體或宗教團體、讀書會或晚餐會……等等。其中通常有一個團體是有助於身體健康的，藉由注意營養攝取、正念和運動。這些關係往往出人意料，也許看似不太可能或是不相匹配，但卻提供了某種有意義的東西。

我們訪談過的那些十中挑一者會刻意在日常生活中與他人建立起有意義的連結，這能幫助他們超越生活中許多微壓力的干擾，而專注於對他們而言最重要的事。而且要說清楚的是：這群人未必是會找出時間與各式各樣的朋友和社會連結保持聯繫的外向之人。其共同點在於多元——和多種不同的人建立起連結並且加以維繫，通常是以微小的方式。只要做得正確，你和其他人的關係就能成為一種力場，來對抗不可避免的微壓力攻擊。但是，有意義的人際關係需要你每天採取刻意的行動。更重要的是，在你人生的重要過渡期，你更需要維繫這些人際關係，好讓你不至於陷入防衛狀態，生活層面變得單一，就只是被動地承受向你襲來的壓力。

教訓2：謹防失去生活的廣度

試想一下克里斯的發展軌跡，他是科技業的高階主管，從二十出頭就一路平步青雲。當他被矽谷一家炙手可熱的公司錄用，他發現自己被奢華的異地會議、體育賽事的包廂座位這類公司福利，以及廣泛接觸尖端科技的機會所吸引。由於克里斯被視為高潛力員工，他在工作上屬於一個高級俱樂部。然而，成為會員的代價很高。同事指望要能隨時聯絡得上他，二十四小時全年無休；而出差旅行有時會讓他離家好幾天。他不再為個人生活作計畫，因為不確定他的工作隨時會有什麼要求。他發現自己深夜裡獨自在電腦前面吃晚餐，而不是和妻子一起吃飯。

同時，工作變得競爭激烈。和同事協力合作感覺上更像是一場遊戲，看看誰會在任一時刻領先。上司的行為舉止和優越感令他反感。當一名高階主管講自己私生活的故事來娛樂年輕的新進員工，說他如何避免讓妻子和情婦發現彼此，克里斯躊躇了。他不知道自己正走向何方。

克里斯私下花了點時間和太太談一談，想弄清楚對他以及對他們夫妻來說最重要的是什麼。他們討論了他永無休止的繁重工作，決定他的職業生涯對他而言雖然還是很重要，但是他們不會用周圍許多人所用的方式去衡量成功。他們作出了一個自覺的選擇，用他妻子的話來說，他們「要過平凡的生活，但是要好得不平凡」。他告訴我們：「如果成功的樣貌就是下一次晉升或下一輛新車，還是別的什麼，你永遠都在競賽中。那只是把下一次的目標挪得更遠。於是你永遠達不到。」

這番反省促使克里斯用六種人生角色來定義自己的成功：一個身體健康的人，一個有靈性的人，組織裡的思維領袖，一個關心社會的公民，一個家庭成員和一個朋友。針對他想成為的人，這個略顯正式的清晰藍圖幫助他決定使用時間的優先順序。當然，這些角色也得符合他妻子對於他們共同生活的目標和願景，因此他們的對話也必須符合她的優先順序。不能讓單一事物占據主導地位。

一天夜裡，當克里斯坐在家中前廊的搖椅上，他有了一番頓悟。他的各個人生角色不該成為衝突的源頭，而應該產生加乘效應——用他的話來說，這些角色應該融合在一起。他說：「在那一刻，我在生活中再也不去談平衡工作與生活。要談的是把這些事融合為一體，使我不再需要作出取捨，而這成了一種更有創意的方式來作決定和看待事物。我領悟到唯有當我的整個生活都充滿了對我來說有意義的選擇，我才能完成我在職業生活上想完成的事。兩者必須融為一體。而我深深理解到這一點。我必須兩者兼顧。」

克里斯說明了這番領悟的結果：「我對成功的定義是綜合的、是融合而一致的，而我深深明白，我在事業上的成就取決於我在家庭、友誼等各方面的表現。」為了抓住這份領悟，克里斯說他「要清楚說出我個人的使命宣言，還有我訃聞中的死者生平將會說些什麼，然後將之表現在這六種人生角色上。」於是，每一次當他要斟酌該把時間用在何處，他所作的選擇都必須能夠滿足這些對他而言重要的角色。

克里斯做了兩件值得我們大家學習的事，即使我們的目標各自不同。首先，他確定了對他而言重要的角色。這份明確讓他有了斟酌使用自己時間的具體標準。其次，他把人際關係融入能支撐這些角色的習慣裡。這樣做產生了一種黏著力，使他能夠堅持不懈，維持真實的人際關係，這些關係是他日常生活中歡樂、意義和心理韌性的來源。

例如，克里斯每個週日會和左鄰右舍的幾對父子一起踢足球，藉以實踐當個身體健康的人這個角色，以及身為家庭成員和朋友的角色。在踢足球時，他和自己的小孩共度了美好時光，也和鄰居有了每週一次的輕鬆接觸。他們會互相取笑對方的跑速變慢了，或是開玩笑地講些垃圾話，但是他們將彼此視為真正的朋友，會互相幫助。當一位父親跟大家說草坪維護公司在他家車道上傾倒了大堆覆土，把車庫都堵住了，克里斯和另外幾對父子就在球賽結束後拿著鏟子去到他家。「你們拯救了我的週末！」那人對他們說。這個團體培養出一種輕鬆的互惠循環，不時互相幫忙解決困難。看見他們移除那堆覆土給鄰居幫了多大的忙，更加強了當個好鄰居對他的重要性。而這也有助於他向自己的孩子示範他所支持的信念（而他希望這也是孩子的信念）。

其次，為了確保他對生活的其他部分保持投入，克里斯訂出了一些儀式和規矩。每逢週日，他會花幾分鐘來回顧這一週，此舉幫助他為自己認為最重要的事負起責任。「這個星期我有花時間在心靈的修練上嗎？身為關心社會的公民，我做了什麼？下星期我可以把朋友放在第一位嗎？」諸如此類。克里斯重視的這六種角色並非秘密。他經常和妻子、家人與同事談起這些角色，而多年來他們也都幫助他塑造這些角色，使之更為完善。這個練習也進一步給他帶來了明確的人生意義，是他刻意和他最在乎的人一起塑造的。他告訴我們：「這就是我認為好好活過的人生。我很早就決定了什麼對我來說最重要，並且一直努力堅持下去。」

教訓3：打造並維持你自己的多元人生

像克里斯這樣的十中挑一者努力在生活中建立起廣度，並且加以維持，即使由於工作和家庭的需求，要這樣做可能並不容易。你也可以藉由採用他們的幾種最佳做法來做到這一點：

- **善加安排你的人際互動。**維持多樣化的朋友網路和人際關係網路，並且以有助於你堅持下去的方式來安排互動。你可以在行事曆上排定對於參加你所在乎的團體十分重要的活動，並且把這些時間視為神聖不可侵犯。這可以是每月兩次的聚餐、每月一次去上劇院、每週一次打網球或籃球、每日散步，或是一年一度的度假。關鍵在於把這個時間視為神聖不可侵犯，並且在那段時間全心陪伴彼此。在理想的情況下，這些互動能夠達成一個以上的目標，如同克里斯所從事的活動。由父女檔組成的足球團體能同時滿足花時間和家人與朋友相處；健走團體結合了運動以及花時間與朋友相處；加入當地的政治團體，幫忙寫大批明信片，把對某件事的反饋意見傳達給政治人物，這能讓你花時間和與你持相同價值觀的不同人群相處，實現你的這個目標。即使是玩一場「夢幻足球聯盟」線上遊戲，也能把你和工作之外的朋友連結起來，同時能讓你發洩情緒。

● **順其自然。**克里斯在安排與計畫生活的廣度時很縝密。你未必要如此有條不紊。有些人讓生活更自然地開展，然後欣然接受所出現的事物。這涉及願意抓住所出現的機會，而不是習慣找藉口說明何以某些活動不適合你。要願意接受B計畫。例如，要計畫找一組恰恰合適的人一起吃飯或喝酒是件困難的事，可能要花好幾個月才能搞定——如果我們沒有在那之前就因為沮喪而放棄。我們的一位受訪者沒有這樣做，而是向眾多朋友發出共進晚餐的邀請：「我們將在這一天出去喝一杯或是聽這場音樂演奏。有人願意一起來嗎？」這個做法很成功。他告訴我們：「我們每次聚會來的都不是同一組人。有時候來的人會令我感到驚訝，但是這總是使得聚會更有趣，也幫助我建立起一些新的友誼。」

● **抓住當下。**當微小時刻出現時，設法加以把握。刻意選擇與人們共處，而且當你們共處時要全心全意，即使時間有限。一位主管描述自己十分珍惜送女兒去上騎馬課的那半小時車程，聊聊在她的世界裡所發生的事。這是一週當中他唯一能指望和她一對一相處的時間，而他充分加以利用，在整趟車程中全神貫注在她身上。另一個簡易可行的辦法是在一場活動之後不要急著離開，不管是參加健走、瑜伽、教會活動還是當地的音樂活動。多逗留一會兒並且和其他人交談，這是個好辦法，能讓你和那些對生活的看法可能不同的人進行非正式的交流。

- **拓展你的生活視野。**雖然許多人都會從最親近的人身上尋求情感支持，這個做法卻可能會在無意間產生一個後果，亦即強化了我們的感受，所助長的是自憐或憤怒的情緒，而非心理韌性。與你最親近的親友圈之外的人交流，以克服這個問題。一位非常成功的顧問公司高階主管十分珍惜每週一次和教友一起參加的查經班。聽到那些需要救助、並且從他的查經小組得到幫助的社區成員所面臨的考驗，他對其他人的辛苦掙扎培養出更大的同理心，也對自己生活中好的方面更加心存感激。這些互動不僅幫助他正確地看待自己的辛苦工作，也鼓勵了他主動去幫助那些比較貧困的人。查經班成為他生活意義和生活視野的主要來源。

值得注意的是，這些建議並不純粹是關於在工作和生活之間取得平衡，雖然對一些受訪者來說，這是好處之一。擁有多元的生活——深植於與其他人的真實連結中，其實是你幸福的基礎。和其他人的連結，不管是正式還是非正式，都有助於你在工作上和工作之外茁壯成長。神經學者喬爾．薩利納斯說：「與其他人接觸……訓練你的大腦（就像訓練一組協調的肌肉），以發展出大腦迴路來管理你的反應、回應和情緒。」這也能以健康的方式分散你的注意力，因為當你沉浸在多元的生活中，情緒的負擔就不會那麼重。薩利納斯說：「當你周圍有其他人以正面的方式吸引了你的全副注意，你就比較不會去反覆思考自己的問題。」

有大量證據指出，這種和其他人相處的方式有助於更有創意地解決問題，並且減少壓力對身體造成的影響，像是高血壓。而且，如同我們研究中那些十中挑一者所發現的，和其他人相處有助於讓你更懂得正確看待一件事，尤其是當你把鏡頭拉遠，把事情的來龍去脈看得更清楚。你更可能會認為「不是只有我有這種經驗」或是「其他人的情況比我更糟」。和其他人的這種接觸有助於讓你不要把微壓力放大。

最後，薩利納斯說，在生活中擁有多元層面意味著你的身分不是只固定在一件活動上——例如工作。研究顯示，二十多歲和三十出頭的高成就者往往容易有職業倦怠，薩利納斯說這是因為他們還沒有發展出其他層面。「他們的身分愈來愈固定在工作上。這意味著工作上正面的事可以讓他們極度興奮，但是負面的事也會使他們的情緒極度低落。」單只是和其他人建立連結，進行非正式的談話，分享共同的興趣，或者就只是暫時換個角度來看世界，這種行動本身就是消除日常微壓力的一帖解藥。但是在生活中我們總是同時要處理太多不同的事，乃至於我們往往會放棄自己曾經喜愛的活動和人際關係，因為我們太忙。

根據「美國生活調查」（Survey on American Life），在過去這三十年裡，說自己連一個親密朋友都沒有的人所占的比例增加為四倍。將近半數的受訪者說他們在過去這一年裡和朋友失去了聯繫，而有十分之一的人說他們和大多數的朋友失去了聯繫。這種發展是不健康的。薩利納斯的研究顯示，即使就只是有某個人願意傾聽你的心聲，也和更強的認知韌性（cognitive resilience）有關。認知韌性是對大腦功能的一種量測，當大腦的功能優於預期，在考慮到身體衰老的程度或與疾病相關之大腦變化的情況下。薩利納斯說：「與其他人保持連結似乎可以減緩老化和疾病對大腦造成的負面影響，足以讓你的認知年齡更接近比你年輕四歲的人。這確實對你的健康有益。」

要享有全面的幸福，你必須發展出策略，不僅是對抗壓力，也要能幫助你活出你想要的生活，擁有心理韌性、身體健康和生活意義。對於這三大支柱中的每一個，你和其他人的連結都至關重要。抵擋微壓力的攻擊不必是件孤獨的事。事實上，這不該是件孤獨的事。下面幾章將會指出，你生活中人際關係的真實和多元不僅是美滿生活所帶來的好處，而是美滿生活不可或缺的一部分。

指導時間

審視你人際網路的多元性

利用表 5-2 來檢視你在工作之外，是否在至少兩、三個層面和其他人有所連結。在第一欄，列出人際互動的各種領域。在第二欄，確定你是否在這四個領域都和其他人有所連結，並且確定連結的方式。在第三欄，找出你在每個領域能參與的活動與團體，替你在生活中增添個人成長的機會。在最後一欄，寫下你能採取的任何具體行動，能讓你真正融入這些團體或活動。（在表 5-2 中，作為範例，這一欄填入了一名受訪者計畫採取的行動。）在填寫時，不妨考慮我們訪談過的人通常認為有效的兩種策略：

❖ 重拾你過去的**活動**。許多受訪者放棄了自己年輕時喜歡的活動，但是基礎仍在，使他們很容易就能重新參與這些活動，例如社區籃球隊、當地的教會唱詩班，或是週末去釣魚，並且利用這些活動來結交新朋友。

❖ 重拾你過去的**人際關係**。這些十中挑一者往往會重新找回在歲月流逝中被忽略的人際關係，並且組織定期活動來加以維持，例如每個月輪流到各人家裡聚餐，持續在線上玩一局大富翁遊戲，或是每年和大學時代的朋友一起出遊，平時則用線上聊天和視訊通話保持聯繫。

你能採取哪些步驟在這個領域建立起人際連結？ • 考慮你能重拾的***活動***與***人際關係***。 • 找出你能參加的團體和你能接觸的人，或是設法重新分配你的時間，把這些人際連結當成優先事項。	行動範例
	加入當地社區活動中心的籃球隊。
	志願提供你的技能與經驗，教導需要額外協助的小孩學習金融知識。
	優先考慮家庭傳統，像是共進晚餐並且按照祖傳的食譜來烹飪。
	重新點燃你對古典音樂的熱情，重拾你的小提琴，加入當地的室內樂團。

表 5-2 | 評估你人際網路的多元性，並加以改善

領域	你如何在這個領域與他人建立連結？
朋友／社群：通常藉由集體活動而凝聚，例如體育活動、讀書會或聚餐。	
公民／志工：為有意義的團體貢獻心力，這能創造出生活意義，並且讓我們接觸到背景不同、但志同道合的人。	
家庭：關心家人，示範你所重視的行為，與家族親人活出傳統與價值觀。	
心靈／藝術：在宗教、音樂、藝術、詩歌及其他美學領域的互動，能把工作置於更寬廣的背景中。	

Chapter 6

心理韌性何處尋

主要洞見

- **心理韌性和較佳的工作表現有關，也和避免職業倦怠的能力有關，甚至能夠抵禦身體疾病或精神疾病。**
- 我們往往認為心理韌性是天生的，或是必須在自己內心深入挖掘才能找到。但是韌性也來自於你在遭遇困難時能從你的人際網路中得到的具體支持。**如果你建立起多元的人際連結，並且懂得如何從中獲得支持**，你就更可能平安度過職業上和個人生活中的挫折。
- 這些互動能以幾種不同的方式幫助我們在受到微壓力時發揮韌性：

○提供具有同理心的支持，讓我們能夠釋放情緒，保持平衡
○幫助我們看出前進的道路，並且往前走
○在遇到挫折時提供我們正確看待事情的角度
○幫助我們處理工作上或家庭中的突發事件
○讓我們更能理解某些人或政治操弄
○鼓勵我們自我解嘲或是笑看自己的處境
○讓我們能夠暫時放下所遇到的各種挑戰，放鬆一下

❖心理韌性比較強的人**懂得自己在增加韌性上需要哪種形式的支持，來幫助自己度過艱難時期**。要度過日常微壓力的考驗，你需要各式各樣的支持，不僅是深厚的友誼或家人的同理心。

❖**你必須培養出能增加自己心理韌性的人際網路，並且加以維護**，不僅是為了承受住日常生活的微壓力，也確保你在碰到重大挫折而需要支持時有這個人際網路存在。

我們將稱他為麥可的一位麻醉科醫師，在一家知名的醫院擔任麻醉部門主管，他已經習慣了應付日常生活中的挑戰。由於他要對數百名醫師和護士負責，他的

日子充滿了微壓力：行政上的優先事項一再調整、和其他部門主管的目標不一致、官僚文化的各種要求消耗了他完成工作的能力、捐款大戶的要求導致他無法專注於自己的優先事項……等等。

但是他能夠安然度過所有這些風暴，因為他在醫院內外建立起一系列的人際連結，而這些人際關係幫助他處理這些微壓力。因此，在大多數日子裡，他在應付高壓的職場生活時也能得心應手。可是在新冠疫情期間，這一切都改變了。

由於麻醉科無法採用遠距醫療，麥可和手下團隊必須日復一日到已經不堪負荷的醫院來上班。既要對他深切關心的團隊負責，也要對受到疫情影響之大量病患的生命負責，這副重擔壓得他喘不過氣來。他告訴我們：「有兩個月的時間，我夜裡都睡不著。我把團隊送上戰場，卻沒有給他們適當的防護裝備，甚至不知道他們當中有多少人會染病。」麥可經常要一天工作十六個小時，必須決定他的團隊在這種非常情況下要如何工作以及在何時工作。他回憶：「有時候在夜裡和週末會有同事打電話向我哭訴。讓我們面對事實吧，他們是在為自己的生命擔憂。」

但是麥可為這段壓力破表的時期做好了準備。他花了許多年的時間和各式各樣的人建立起真實的連結，這些人幫助他駕馭日常工作上的微壓力。因此，即使壓力增強到超出他以往的經驗，他也擁有一群可以求助的人，他們能夠幫忙減輕壓力，替他移除一些由於他和團隊在疫情期間不得不改變工作方式而引發的微壓力。麥可的人際網路提供了各種支持，包括接手他的任務替他騰出時間、提供他的部門額外資源，或者就只是幫助他思考該如何應付每一天的挑戰。他告訴我們：「我對我的同事有說不出的感激。在這之前，我可能根本沒想過我們在日常生活中給了彼此多大的協助。」

在疫情期間，日常的微壓力以驚人的速度和數量不斷累積，當麥可需要有心理韌性來駕馭這些微壓力，他之前為了在個人與職業生活中建立人際連結所作的努力得到了回報。要不是他已經和醫院裡的許多人培養出良好關係，他在疫情期間遭遇的挫折就會讓他更為痛苦。

對大多數人來說，在疫情期間經歷的挑戰考驗著我們的心理韌性。我們也許不像麥可一樣每天都要為自己的生命擔憂，但是我們的生活突然充滿了前所未有的微壓力。這場疫情是一個重要的提醒，提醒我們和其他人的連結有多麼重要，不管是在個人生活還是職業生活中，對於幫助我們撐過壓力特別大的時期乃是不可或缺的。在日常生活中建立起人際連結並善加利用，能有助於你更為靈活地應付大大小小的挫折。

當心理韌性融入了我們的日常生活，就會對我們在職業上的成功和身心健康發揮關鍵的作用。有大量研究顯示，韌性強的人在職業上更為成功，並且在求職或晉升上具有優勢。韌性強的人更能應付繁重的工作和經濟上的困難。研究也指出，心理韌性能保護我們免於職業倦怠，也讓我們抱持較高程度的樂觀與希望。而且韌性強的人在艱困時期也比較不會染患身體或精神疾病，對工作的滿意度通常也比較高。當環境改變，使得他們擁有的技能變得過時，韌性強的人比較能夠學習新的技能。我們每個人都需要心理韌性，以防止每日微壓力的打擊使我們亂了陣腳。

我們研究中的那些十中挑一者證明了心理韌性能被培養和建立，不是藉由深深挖掘自己內心的某種毅力，而是透過與其他人的互動。而且如同前文中所述，心理韌性並不仰賴那些永遠支持你的生死之交。你可以在與生活中各式各樣的人建立起真實連結的微小時刻培養出韌性。

以微小但有力的方式去接觸你人際網路中適當的人，以適時得到適當的支持，這需要一種靈活度。例如，有時候我們需要別人的同理心，但是太多的同理心會導致我們沉溺在自憐的情緒中，而非向前邁進。在另一些時候，我們可能需要有關未來道路的建議、一種新的視角，或者就只是對生活的荒謬一笑置之的能力。

微小的瞬間能夠使我們重新振作，避免陷入消極的情緒。在這一章，我們將會說明這是如何運作的，也會說明你如何能夠確保自己建立起有助於維持心理韌性的堅實人際網路，能幫助你安然度過日常微壓力的打擊，也能幫助你度過人生中遭遇重大挫折的時期。

有助於維持心理韌性的人際網路是什麼樣子

在艱困時期，大多數人都仰賴親密家人與朋友的支持。可是，親密圈子之外的人也能發揮寶貴的作用，幫助我們發揮韌性來面對日常生活的微壓力。那些十中挑一者特別擅長建立和培養自己的人際網路，用來幫助他們駕馭日常生活的微壓力。日後，當他們遭遇更艱難的挫折，既有的人際網路對他們的心理韌性就至關重要。

心理韌性不僅在於當遇上困難時有人可以依靠，也在於互動本身——認同我們計畫的交談，重塑我們的觀點，幫助我們開懷大笑，感覺到和其他人相處的真實，或者就只是鼓勵我們重新站起來再試一次。心理韌性是應付微壓力的關鍵。成功抵擋任何一個微壓力，都有助於避免微壓力堆積起來把你拖垮。以下這幾個方法能讓你在微壓力時刻找到心理韌性，藉由善用你生活中的人際連結。

尋求具同理心的支持，讓你能夠釋放情緒，保持心理平衡

有時，當你遇上挑戰，你未必想得到別人的建議或指導。有時候，你就只是希望有人讓你感覺自己被傾聽、被認可。這種支持有助於你保持情緒平衡。許多身為配偶的人都在吃過苦頭之後才學到這個教訓，他們在聽到伴侶的抱怨後提出了實用的解決辦法，而沒有意識到自己的配偶並非在尋求建議。如果對話進行順利，人們就能得到他們在當下所需要的。一位成功的銀行家告訴我們：「我可以盡情發洩、傾訴和感受我的感覺，然後我丈夫會說：『別擔心，會沒事的。』我當然知道這並不總是真話，但是當他這樣說，就安撫了我。」

具同理心的支持以三種方式抵銷了微壓力。首先，它讓你能夠釋放情緒。在一個安全之處發洩怒氣，讓你能夠在發怒之後作出更理性的反應。其次，它提供了認可。有人證實了你正在處理的事是困難的，或是證實了你的沮喪是有道裡的。這種認可消除了自我懷疑或自覺有錯所帶來的微壓力。最後，具同理心的支持表

示出關懷。單單只是知道有人在你身邊，就能讓你的心情平靜下來，給予你信心，因為你不必獨自面對逆境。一位受訪者描述他從教會團體的其他成員那裡得到的感受，當他在工作上經歷一段特別忙亂的時期：「那是有他們在場所產生的力量。他們甚至不需要說什麼。他們就只是坐在我身旁，花時間和我相處，而這就讓我知道他們關心我。」

具同理心的支持對消除微壓力的幫助，並不只限於安撫你自己。你可以把它當成暫時的支持，用來幫助你堅定自己度過難關的決心。例如，科技業的高階主管蓋博就深深仰賴妻子和一群核心朋友的同理心支持。他的妻子在同一家公司上班，而他們會針對工作一起發發牢騷，稱之為「互吐苦水時間」。單只是把事情大聲說出來，似乎就能讓蓋博更加清醒和冷靜。他的妻子經常安慰他，說他所面臨的問題對任何人來說都很難處理，並且提醒他，說他對自己的批評可能太過嚴厲。蓋博也會和一群朋友一起發洩情緒，這群朋友的背景多元，從像他一樣的資訊業人員到職業漫畫家都有。和他們在一起時，蓋博覺得他可以隨意開玩笑，展露本色。他說明：「單單只是能和他們互表同情就能替我充電，知道不是只有我一個人在手忙腳亂地應付，這就令人感到欣慰。」即使只是這一絲想法就有助於蓋博重整旗鼓，找到通過挑戰的路徑。

十中挑一者的小訣竅

- **找出有共同經驗或挑戰的人。**有一個親密家人在你遭遇困難時給你支持固然很好，但是他們未必總能完全理解你正在經歷的事。去尋找曾經和你有過相同經歷的人。你可以聯絡在你之前擔任你目前職務的人，詢問對方是如何應付你主管善變的脾氣。找到一個曾經歷過類似情況、因而懂得傾聽並提供觀點的人，是心理韌性的一個強大來源。
- **建立傳統，而非義務。**藉由排定時間來維持人際連結，在這個時間你全心全意和你人際網路中的人們相聚。通常，這會成為社交聯繫的傳統和神聖的空間。一間顧問公司的資深主管告訴我們，她每年都和大學時代最要好的幾個同學共度一個純女生的週末，維持了幾十年。「一年就只一個週末，但無論我們生活中還發生了別的什麼事，我們全都堅持參加這個聚會。」即使生了寶寶、搬到別的國家，甚至是個人健康出了問題，她們都維持著這種長期聯繫。由於她們並不在彼此的日常生活中，她們能夠自在地分享自己的掙扎，而不作評判。而這份情誼也在群組聊天中延續，在一整年當中的幾乎每一天都帶給她們支持。

- **把愛傳出去。**替其他人提供具同理心的支持。我們太容易想要當個設法解決別人問題的人，但是僅只是當個擅於聆聽的人就具有很大的價值。想出一些簡單的做法，例如，用「這聽起來真的很難」或是「我能想像這對你來說有多困難」作為開場白，而非主動給出建議。少說話，多傾聽。

指導時間

評估維持你心理韌性的人際網路有多強

大多數人都能指出幾個幫助自己度過真正艱難時期的人。可是支持你心理韌性的日常人際網路有多強呢？在下述表 6-1 的每一個問題旁邊，寫下在你日常生活中提供你這種支持的人的名字（一個或多個）。在最後一欄，簡單描述他們如何給了你幫助。

檢視你寫的這張清單，這就是目前支持你心理韌性的人際網路。它夠堅實嗎？你的清單上是否有許多不同的名字？是否有幾處空白？你也可以檢查一下，看看是否有某個人的名字（也許是你的配偶）被一再列出。過度依賴某一個人意味著你的心理韌性人際網路可能不是那麼強韌！如果你沒有在遭遇難關之前就建立起堅實的人際網路，你就比較可能被一次挫折打倒。

找到能幫助你看清並走上前進之路的人

發洩可能讓人覺得很痛快，但最終你需要有切實可行的方法來向前走。人際關係以兩種方式提供了幫助。它給了你向前邁進的實際典範——你可以請教曾經遇過同樣情況的人，看看他們是如何處理的。而良好的人際關係也會激勵你向前走，對方會激勵你，甚至會要求你負起責任，實際上去做些什麼，而不只是沉溺在自憐的情緒中。

心理韌性較強的人會更加廣泛地援用其他人的想法來想像可供選擇的前進道路。藉由在微小時刻迅速做到這一點，他們避免了微壓力變大。結交能幫助你解析問題的人，把問題拆解成比較小、比較好處理的分量，幫助你找到新方法在艱難的任務中取得進展，並且激勵你採取行動，從而加強你的心理韌性。

同理心可以來自任何關心你的人，但是在你的人際網路中只有一小群人能幫助你看清並走上前進的道路。去尋找能夠談論某個情況之具體細節的人。他們可

表 6-1 ｜我心理韌性的來源

心理韌性的來源	名字	他們如何幫助你
• 誰提供你**具有同理心的支持**，讓你能夠釋放情緒，並且維持心理平衡？ • 此人懂得同情，讓你發洩情緒，或者就只是讓你覺得有人願意傾聽你的心聲。		
• 誰幫助你看出**前進的道路**？ • 當你需要務實的意見，此人提出建議來幫助你，說明他們如何處理類似的情況，或是讓你看出你可以考慮哪些選項。		
• 誰給了你不同的**觀點**？ • 當你想得太多，或是即將沉溺在自憐的情緒中，此人幫助你看出事情並沒有那麼糟。		
• 誰幫助你**處理**工作上或家庭裡**突發的狀況**？ • 當你被各種需求壓得喘不過氣來，此人可能會挺身提供資源或是他們自己的時間與才華來幫助你度過難關。		
• 誰幫助你**理解**某些人或政治操弄？ • 此人可能擁有更多經驗或更寬廣的視野，可以幫助你更加了解其他人的行為。		
• 誰幫助你**笑看**自己或你的處境？ • 此人能夠用幽默感來化解緊張。		
• 誰幫助你**放鬆或暫時擱下**你遇到的挑戰？ • 你和此人一起做某件和你所遭遇之挑戰完全無關的事—運動、健行、旅遊，讓你的身心得以休息。		

能了解公司的運作方式，或是和造成你微壓力的某個人有過互動，因此能提供具體可行的意見。去尋找能幫助你想出該怎麼辦的人！同一個人可以在你的生活中扮演多重角色——一個具有同理心的傾聽者也能幫助你計畫前進的道路。但是你需要確保自己的人際網路中有各式各樣的人，讓你不會過度依賴某一個人來扮演多重角色。

以伊莎貝為例，她是一個製造單位的主管，當微壓力累積起來，她既可以向同事求助，也可以向家人求助。在某些情況下，她從兄姊那裡得到幫助，他們兩個都在不同的組織中從事類似的工作。她可能會打電話給她姊姊，說：「嘿，我真的很難讓大家接受一個新的系統。妳之前用過什麼策略來讓大家願意參與變革？」當伊莎貝獲得晉升，從監督一小組人改為領導一個更大、更廣的團隊，她借鑑了她哥哥在委任授權上的經驗。

十中挑一者的小訣竅

- **培養能幫助你「當機立斷」的人生顧問。**這些人擅於幫助你看清該選擇哪條路，捨棄哪條路。你仰賴他們正是因為他們會提出中肯的意見。他們的角色不僅是讓你測試自己的想法，而是你能仰賴這些人幫助你作出正確的決定。這個人可以是你信賴的職場導師、一個對你和你的處境十分了解的親近同事，甚至是在人生中曾經遭遇類似困境的你的父母。留意在你的人際網路中哪些人擅長幫助你當機立斷——這些人會說「別在這上面浪費時間」或「換作是我，我就會直接去要求晉升」之類的話——然後在需要當機立斷時仰賴他們的意見。

● **找到敢對你講真話的人。**你信賴的這些人會對你直言不諱，而且當他們說了你不樂意聽到的話，你也不會置之不理。對於重設你的視角、讓你在難以看清大局時看清大局，這些人至關重要。一位受訪者在沒有獲得晉升時深受打擊，開始陷溺在自憐的情緒中。她的丈夫在頭一、兩天表現出同理心，但是在那之後他就成了一個敢講真話的人。他對她說：「從大處來看，妳實在沒什麼好抱怨的。妳有一份好工作和一個美滿的家庭。看開一點吧。」而敢講真話的人也未必得是一個和你如此親近的人。我們研究中那些十中挑一者經常提到自己職業生涯早期的一位上司，或是第一個雇主。他們反思了這些關係一直以來有多麼重要，因為他們尊重這個人所說的話，即使真話很難入耳。如同一位資深經理人所說：「我們之間有這麼深的信賴，不管是關於工作上的事，還是我就只是需要不同的觀點，針對『這件事我該怎麼做？你曾經碰過類似的情況嗎？』」

在遇到挫折時，尋求不同的觀點

在遇到障礙時，你很容易陷入恐慌，但是如果從更寬廣的視角來看事情，就能讓你用不同的、比較正面的方式來看待障礙。這種拓展視角的做法有時被稱為**去災難化**（de-catastrophizing）。但是如果要靠我們自己來做到這一點，在認知上是很吃力的。如果有其他人幫助我們後退一步、換一個框架來看事情，把自己的問題放在一個更寬廣的背景下來看，我們往往能做得更好。

舉個例子，當查理發現自己被排除在一場重要會議之外，他想要氣沖沖地衝進主管辦公室。可是他意識到自己的怒火正在升騰，於是就改打了通電話給他信賴的一位同事，對方並不在他這個小組裡。由於對方不像查理一樣覺得受傷，她冷靜地幫助他調整了視角。她建議：「今天什麼都先別做，你的主管正忙著處理許多事。也許他沒讓你參加那場會議是有個好理由的，那也可能只是個疏忽。在你對情況有更多了解之前，不要衝進他的辦公室。」那正是恰當的建議。事後與主管的談話證實了他是為查理著想，讓查理不必把時間浪費在那場會議上。事情往往不像我們所擔心的那麼糟——尤其是當我們看出克服困難有其好處，能讓我們達成更大的目標。

十中挑一者的小訣竅

- **從新的視角來看世界。**試著仰賴一個你所信賴、和你的工作沒有什麼關聯的良師益友。這些局外人提供的新視角能提醒你從比較不帶情緒的角度來看清大局，從而減輕日常的微壓力。我們從其他人那裡得到的一種特別有效的觀點是「別再想了！」這類的話——這是別人給你的當頭棒喝，當你陷入思考過度、給自己壓力或是自我批判而無法自拔。平常支持你的配偶或親密好友可能會阻止你陷入自我懷疑，而對你說：「你花了太多時間思考，別再想了。」
- **強化你的核心價值觀。**當微壓力襲來，請和那些幫助你牢記自己核心價值觀的人建立緊密關係。此人可以是個認識你很久的朋友，他不在乎你的職業資歷，但是關心你這個人。讀書會、禱告小組或志工團體則是給那些十中挑一者帶來莫大益處的幾種團體，藉由和來自各行各業但價值觀相同的人建立起連結。一位十中挑一者述說他和一位兒時朋友一起打籃球，一邊討論自己在職業生涯上的困難決定。在打球時，他的朋友戳穿了他。這位受訪者回憶：「他說：『老兄，你從什麼時候開始這麼在乎漂亮的頭銜了？』而我想起來他說得沒錯。我做的工作要比我的頭銜更重要。」

尋求幫助，以處理工作上和家庭中的突發狀況

回想一下你在工作上曾遇到過的突發狀況——一個重要客戶提出的遲來要求、由於團隊人手不足而導致的艱苦時期、一次壓力破表的董事會簡報。你是如何度過那段艱難時期的？如果你跟許多人一樣，你可能會採取英勇壯烈的做法來完成工作。你投入了額外的時間，讓你的注意力在工作和家庭之間切換，即使是在你想要全心全意和家人相處的時候，或者你甚至取消了個人計畫。可是這些非比尋常的努力是有代價的——為了撐過工作上（或家庭中）的突發狀況而更賣力工作，可能會使一切失去平衡，削弱你對自己生活的掌控感。

更有韌性的做法是向你的人際網路尋求幫助。例如，前文中提過的麻醉醫師麥可，儘管當時要做的事很多，他卻並不是個孤獨的英雄。他善用他和另一個部

門主管之間穩固的工作關係，來共同處理激增的工作量。另一位同事把行政人員的時間「借給」他，幫助麥可的部門掌控日程安排和營運上的其他任務。他回憶：「在幾個緊要關頭，這幫助我們免於負荷過重。」在那段艱難時期，以微小但具體的方式尋求幫助是麥可做得特別好的事。他告訴我們，單單只是知道有可靠的人會出面幫助他，「就讓我能專注於當時最重要的事情上」。

十中挑一者的小訣竅

- **主動幫助你人際網路中的人。**不要等到危機發生了才請求協助，也不要等到危機發生了才出面幫助別人。設法幫助別人，即使是在事情並不緊急的時候，藉此來替未來的互惠打下基礎。你提供的支持可以很簡單，比如公開稱讚別人，並且表揚別人應得的功勞。小小的舉動就能建立起信賴和互惠，並且替一段關係播下種子，讓你在突發情況發生時能夠仰賴這份關係為你提供支持。
- **確保你的同事把你視為值得幫助的人。**在為他人提供例行幫助之外，你可以再多做一點，提供你的時間或是在別人有需要時幫助他們解決問題，當你未必有責任這麼做。當個這樣的同事會鼓勵其他人在你需要幫助時來幫助你，因為他們知道自己的協助會在將來得到回報。

- **找到和你有共同目標的人。**花點功夫，和那些由於目標和利益與你有交集而會熱心幫助你的人建立良好關係。在明顯可見的事情之外尋找共同的目標，即使可能和工作無關。例如，你可以協調家長輪流接送參加運動隊伍的小孩。

找到能幫助你自我解嘲或笑看自己處境的人

我們本能地知道，笑使人恢復活力。但是笑的生理作用卻比較不為人所知：笑會活化喜悅和歡樂這類情緒的神經路徑，提高血清素濃度，並且抑制像皮質醇這類的壓力荷爾蒙。笑簡直就是一帖沒有副作用的抗憂鬱劑。而且有證據顯示，我們和其他人一起笑時笑得最開心。按照語言學家唐・尼爾森（Don Nilsen）的說法，咯咯輕笑和捧腹大笑很少在我們獨自一人時發生。

這份資訊可以直接轉化為保護自己免受微壓力傷害的方法。大笑能幫助每個人放鬆和復原，讓我們能夠更清楚地思考、更有創造力，並且單純感受到自己的人性。如同一位資深主管所說：「大笑能降低血壓，對吧？就好像在說：『嘿，這不必就只是壓力和工作。我們在做這件事的時候也能同樂。』」

這並不表示你得重溫你那些冷笑話，成為在會議中逗樂大家的那個人。有其他的簡單方法來分享幽默，作為日常微壓力的解藥。一位人資主管描述他那群三教九流的好友會定期傳送簡訊給彼此，在他參加一場嚴肅會議的時候，其中一個好友會傳來一則讓他哈哈大笑的簡訊。那就只是逗趣搞笑，但卻有助於他處理工作上的荒誕時刻。另一位主管說起她的一位朋友，在她覺得全世界都跟她作對時，她就可以打電話給這個朋友。談了一會兒之後，對方就會說：「好啦，夠了。」然後就滔滔不絕地說起笑話。這位主管說：「這些笑話可能荒誕不經，但是這恰好阻止了我繼續自怨自艾」。

十中挑一者的小訣竅

● **在網路上分享幽默。**說到發笑，微小的瞬間很重要。「隨時在線上」的文化有一個真正的好處，就是讓我們能夠和幽默感相似的朋友在網路上保持聯繫，他們能夠讓你在一整天或一整週裡放鬆心情。一位高階主管告訴我們：「有時候我在家裡東奔西跑，忙著做好準備，而一個朋友傳來一則簡訊，我會暫停下來，觀看一段三十秒的抖音影片。影片還沒播完，我就已經笑得流出了眼淚。在有些日子裡，這就足以讓我避免沉溺於當天所面對的任何微壓力。」另一些人告訴我們，他們建立了家族聊天群組，在群組裡分享家庭笑話。「當我得意地向我十幾歲的女兒展示我在領英網站上一篇貼文的瀏覽次數，一個女兒回覆我說：『老爸，你現在完全是個網紅了⋯⋯』於是我自嘲地笑了，就跟她笑我一樣。」

● **輕鬆應對困難的情況。**這些十中挑一者一再找到方法來創造幽默，拿一系列情況尋開心，甚至是取笑不講理的利害關係人。一位受訪者跟我們說起一場會議，他的主管在會議中斥責他的團隊沒能如期完成工作，雖然他們一直努力想趕上進度而在晚上和週末加班。那是個輸定了的局面。等那位主管一離開會議室，他就向他垂頭喪氣的團隊成員說：「嗯，剛才挺順利的！」大家哄堂大笑，化解了緊張的氣氛。

● **使用自嘲的幽默。**自嘲從一個情境中移除了身分地位，讓別人看見你真實、脆弱的一面。這種形式的幽默使人消除敵意，能連結團隊成員的感情。一位主管描述了她和別的單位一個同事之間的摩擦。在激動時刻，她同事經常有一種高超的能力來化解別人的怒氣，比如說一句「喔，我解釋得可真好！」然後他們兩個都會大笑。注入幽默使得他們在想法或方法上的意見分歧不至於變得太針對個人，也有助於讓他們明白討論之所以變得激烈，是因為他們兩個人都關心這件事。

去理解別人或理解政治操弄

當我們為了別人一句不經意的評論而苦惱，擔心我們在錯誤的時機對錯誤的對象說了不該說的話，或是檢視自己的電子郵件，以確認我們沒有在無意間冒犯了某人，這時微壓力就會一再產生。如果我們覺得自己不太了解一個情況背後的政治運作，這種感覺可能會讓我們表現失常，讓我們徹夜難眠，在腦海中把事件一再重播。單憑我們自己，我們不太可能超越自己對於特定情況之政治動態的有限理解。如果有個能信賴的盟友比我們更了解政治形勢，我們就能更有自信地把自己的工作和努力放在適當的位置，而不是沒必要地去擔心無關緊要的事。我們比較不會花時間去做產生反效果的事，去擔心別人的動機和潛在的優先事項。我們也能對自己的地位更有自信。

我們並不需要和能幫助我們解決所有政治問題的人建立起關係，但是我們能受益於建構起一個由不同的人拼湊而成的網路，他們能幫助我們在理解政治上扮演不同的角色。例如，我們也許沒有意識到某位同事正被逼著要作出成績，或是在擔心自己的工作，還是過去曾有過不愉快的經驗。如果有一位資深同事幫忙解讀事情的真相，就大大有助於減輕我們的壓力。

以恩里科為例，他是醫療業的一位資深經理人，在他對自己跟新任主管的談話感到不確定時，他會求助於他上一份工作的一群同儕。當他們在討論一些高度機密的資訊，他主管針對他們如此「隨意」地討論這些資訊說了句什麼。恩里科一直在琢磨她這句話是什麼意思。難道她不信任他嗎？

幸好，恩里科以前的同事幫助他調整自己的觀點，關於他主管那句話可能是什麼意思。也許她自己對於得知這份機密資訊也有點緊張，而這是她一吐為快的方式。可是她在那番談話中顯然是信任恩里科的。恩里科告訴我們，假如他沒有機會弄明白這件事，那麼「這就會是我在凌晨一點還在思考的又一件蠢事」。

十中挑一者的小訣竅

- **和擅長建立聯繫的人建立連結。**在每一個組織裡，都有天生擅長建立聯繫的人，他們似乎認識其他辦公室和其他部門的人，甚至也許跟曾經待過這個組織的前輩很熟。在了解辦公室的政治上，他們能提供很大的協助。一位高績效員工告訴我們，他每天所作的最有價值的談話之一，就是他每天在從停車場進辦公室途中和IT部門某位同事的閒聊。他說：「比起一整天都坐在自己的辦公室裡，這讓我對於公司的脈動有了完全不同的感覺。」

確保你也屬於那個擅長與人建立聯繫者的非正式人際網路。例如，一位十中挑一者和人資部門的某位同事維持著長期友好的關係，雖然他們並不在一起工作。每當她不確定是否該提出一件新倡議時，人資部門的這位同事就會提供她一個路線圖：「先去找這個人，再去找那個人，然後妳就能得到足夠的支持，去向這個委員會提出妳的倡議。」這些內部資訊提供了寶貴的視角。反過來，當人資部門提出一項新倡議，她也會公開表示支持。她告訴我們：「我們就只是建立起了互相尊重的關係。」

● **維持一個可以求教的同事網路。**這些人不必是你在公司裡最親密的盟友。找到願意跟你分享經驗和觀點的人。一家出版社的後起之秀說她經常向一位同事請教，對方在公司有二十年資歷，即將退休。「她和我並非特別親近，但是她置身於政治紛爭之外。她具有驚人的直覺和經驗，而且會大方地分享她的想法，針對該如何處理截止期限以及某些人對於自己被排除在消息圈之外會有什麼反應……等等。」

找到能幫助你放鬆、讓你暫時擺脫微壓力的人

休息對我們的最佳工作表現至關重要。研究發現，當我們在休息之後回來，我們的幸福感會提升，因為休息減輕了我們的壓力，減少了情緒上的疲憊，提高了我們的精力，讓我們更能夠專注。可是許多人以為休息就意味著遠離一切。然而，大多數的十中挑一者都說，他們和其他人一起作的休息所帶來的好處更大，即使是在沉浸式活動中。當我們全心和其他人相處，就比較容易停止去反芻個人生活或職業上的微壓力。

布萊恩是金融界的高階主管，他放鬆的方式是花時間在家人、教會和他的摩托車社團上。在工作時，他把全副注意力都放在工作上，當他和家人在一起，他就全心關注家人。騎車則讓他可以暫時擺脫工作和家人，這兩者是他生活中微壓力的主要來源。因此，和摩托車社團在一起時，他能夠徹底放鬆。他說：「那就只是一群人以七、八十英里的時速騎車，出去就只做這一件事，亦即享受騎車的

快樂。這是世上最好的抒壓方式。」

十中挑一者的小訣竅

- **以共享的休閒活動為中心來建立人際網路。**擁有一個休閒的人際網路能讓你和其他人一起沉浸在一項你喜愛的活動中，並且藉由這項活動來充電。一名諮詢顧問每年都會去參加一個冥想靜修營。這個團體在白天的部分時間保持靜默，而在其他時間則可以和其他學員接觸並交流。他告訴我們：「我發現這個團體對我的整體幸福至關重要。在這個我已經非常熟悉的團體中，我們可以完全做自己。每年我都期待著參加這個靜修營。」
- **和其他人一起追求自我提升。**一名科學家告訴我們，每年元旦，她都會列一張清單，寫上所有她計畫要讀的書。可是她很少有什麼進展，直到她在工作場所加入了一個讀書會，每個月在午餐時間聚會一次。這不僅激勵了她繼續閱讀，也讓她開始接觸到組織中其他部門的人──這些人是她本來不會遇見的。
- **花時間在更寬廣的人際網路上。**那些十中挑一者格外重視和他們職業生活或個人生活圈之外的社交網路保持聯繫。卡蘿參加了當地一個戶外咖啡聚會，是疫情期間在她所住的鎮上成立的。有人在當地公園的布告欄上貼出了通知，而大家就自然而然地來了。他們會在那座公園聚會，保持社交距離分開來坐，每週一次隨意閒聊。她告訴我們：「起初我們談的都是疫情，可是隨著時間過去，那成了一種很棒的方式，讓我得到全新的視角來看待生活。」一位媒體界高階主管參加了當地的一個歌唱團體，團體中的人她一個也不認識。但是她喜歡每週出席，成為這個社群的一分子，而從前她甚至不知道有這個社群存在。儘管她生性內向，在歌唱之間說說笑笑卻很容易。

指導時間

藉由人際關係來強化你的心理韌性

遇到挫折時，你是否具有足夠寬廣、足夠深厚的人際關係來幫忙支持你？用下面這兩個步驟來找出答案。

一、找出你所需要之心理韌性最重要的來源

如同本章所述，心理韌性有七個與人際關係有關的來源。各個來源的

重要性因人而異。有些人可能重視歡笑，另一些人則偏好同理心。我們對心理韌性的需求因人而異，由每個人獨特的過往、個性以及職業情況和個人生活情況所塑造。但總的來說，我們所培養的人際關係是個工具箱，可以在遭遇困難時使用，並且依靠它來幫助我們駕馭日常生活中的挑戰。

請使用表 6-2，從這七種心理韌性來源中找出你在生活中最想要加強的三種，在旁邊做個記號。

二、計畫該如何強化你的人際網路

思考一下你所標出的三項最重要的心理韌性來源。能產生心理韌性的人際連結可以用兩種方式來刻意培養。你可以加深既有的人際關係，或是建立新的人際關係。不妨兩種方法都用，但要記得拓展你的人際網路有助於你發展多元性——豐富多樣的人際關係和連結。更多元的關係能提供更好的視角來看待你的努力、讓你有更強的意義感，或者就只是讓你從每日的辛苦中放鬆一下。也要記得培養既有的關係和新的人際關係，包含在平常的工作、家庭和朋友這些領域，以及在這些領域之外。

寫下你想投入更多時間去接觸的人名或團體名稱。如果你是想加深和他們的關係，就把他們放在第三欄。如果你是想要和他們建立起關係，就把他們放在最後一欄。表 6-2 顯示出你填寫的這張表可能的樣貌。

準備是最好的防禦

能提供心理韌性的人際網路不會在一夕之間突然形成。如同前文中所示，那些十中挑一者在生活的許多方面培養並維持真實的人際連結，不單是透過工作，也透過體育活動、志工工作、公民團體或宗教團體、社團、透過子女而認識的其他家長……等等。在這些領域的互動提供了重要的廣度，擴展了我們的身分認同，打開了我們用來看待自己生活的小孔。透過我們和其他人的互動，我們的心理韌性會變得更強。

一如你可能沒有意識到隨時都有幾十種微壓力向你襲來，你可能也沒有意識到你的人際關係對於消減微壓力有多麼重要。我們正是在這些互動中變得更有韌性：和別人的交談證實了我們的計畫可行、重塑了我們看待某個情況的視角、幫

第二步 強化你的人際網路	
找出策略，以加深現有之人際關係	**找出策略，來與新的人或團體建立起關係**
和相鄰部門的三位同儕建立聯繫，就解決技術問題進行非正式的交流	刻意在下班時和另一個部門的同事一起步行去搭火車
發起每月一次的讀書會——向許久沒見的二十個人發出邀請，看看誰會來	

表 6-2 ｜我得自人際關係的心理韌性來源

這個人際連結所做的事	第一步 在得自人際關係的心理韌性來源中，檢查一下你想要強化哪幾種
提供具有同理心的支持	
在挫折發生時提供你看待事情的不同視角	X
幫助你看出前面的道路	X
幫助你處理工作上或家裡的突發狀況	
幫助你了解辦公室政治	
幫助你在困難的情況中發現幽默	
讓你能夠放鬆一下，再重新開始	X

助我們開懷大笑並且感覺真實，或者就只是鼓勵我們重新站起來再試一次。和其他人有所連結，這在我們的生活中並非只是可有可無，而是對我們的整體幸福至關重要。在下一章，我們將探討這些人際連結如何能在維持身體健康上發揮關鍵作用。

Chapter 7

如何保持健康

主要洞見

❖ **到了三十多歲，許多人開始放棄那些曾讓自己保持活力與健康的活動；**我們就只是太忙了，沒辦法持續從事那些活動。隨著身體健康每況愈下，我們就自食苦果。

❖ **那些避免了這種命運的人未必比其他人擁有更強的意志力或更多閒暇，也未必更為專注。**他們改善身體健康的行動軌跡遵循著一個典型的模式，在這個模式中，這些有益健康的活動和他們的人際網路緊密地交織在一起：

○ 把身體健康放在第一位。

○ 把你的承諾告訴別人，讓別人也能看見。

○ 透過工作上和家庭裡的人際關係來建立黏著力。

○ 強化並擴展你的身分認同，藉由注重你身心健康的活動與人際連結。

❖ **那些十中挑一者把自己的身體健康和他們的人際關係交織在一起。**我們想要繼續參加這些使我們更健康的活動，是因為我們覺得和一起從事這些活動的人有所連結。而這份連結又反過來使我們堅持追求健康，這是其他的短期解決方案所做不到的——例如減重團體。把有益健康的行動和人際關係交織在一起，產生了一種正向的吸引力以及對健康的渴望；這些努力超越了在社會壓力下去消除某些負面情況，例如去戒酒或減重，而是結合了與其他人的正向連結，這使我們更容易堅持下去。

蕾貝卡在一家大型研究機構擔任主管，她向我們述說了七年前那段時光，當她的身體健康陷入低谷。當時她正在修習在職MBA學位，同時有一份全職工作，要花一小時通勤。在那段時間裡，她逐漸養成了有害健康的習慣。在通勤回家的漫漫長路上，她會和丈夫商量晚餐要吃什麼。為了讓她省點事，她丈夫會說：「去漢堡王買外帶就好。」由於一整天要承受數十種微壓力，耗盡了蕾貝卡的能力，她在情緒上沒有餘力去反對丈夫的提議。她沒辦法等回到家再倉促弄出一頓健康的飯菜，而她丈夫也從未自願做飯。於是他們就吃速食，而且吃得很多。挑選他們要吃哪種速食成了她每日生活的亮點。

更糟的是，對曾經活躍好動的蕾貝卡來說，運動成了遙遠的記憶。她知道她陷入了對自己有害的習慣，但是她看不出解決之道。她的生活充滿了微壓力以及微壓力帶來的後續影響，不斷將她推離了正軌。例如，她丈夫和他們的朋友對於運動和均衡飲食都不怎麼感興趣。他們從美食和飲酒得到樂趣，而他們的社交生活就也圍繞著吃吃喝喝而展開。週末通常是用來舉行精心準備的車尾派對，一邊替他們喜歡的足球隊加油。或是他們經常會在深夜一起去餐廳用餐，餐前先去當地一間酒館碰面小酌。為了感覺自己屬於這個團體，蕾貝卡覺得她不去不行。作為個體，她喜歡這些朋友，可是作為一個團體，他們往往助長了彼此的壞習慣。當時她沒有看出的是：每一次這樣的邀約對她來說都是一種微壓力，隱隱挑戰著她的情緒儲備和身分認同。蕾貝卡隨波逐流，因為這是她唯一的社交管道，但是她覺得自己在這個過程中愈來愈痛苦。

如果你在今天遇見蕾貝卡，你不會認出從前的她。在我們採訪她時，她健康而充滿活力。她告訴我們，在某個時刻，她決定了她不是自己想要成為的那個人。她回憶：「我就只是覺得和我玩在一起的那些人並不適合我。」她終於明白她把生活建立在一些人際連結上，而這些人重視的東西和她並不相同。這群人包括她的丈夫在內。

讓她重回正軌的並不是什麼仙丹妙藥，而是和同事建立起的友誼，這些同事和她懷有相同的目標和願望，而這些友誼在改變她的生活軌跡這件事上發揮了關鍵作用。工作上的這些朋友敦促蕾貝卡把自己的健康放在第一位。當她向同事透露她正在辦理離婚，他們鼓勵她搬進城裡，這能把她的通勤時間縮短一半，讓她有更多空閒的時間來運動。她開始利用一天當中的微小時刻來培養更健康的生活習慣，例如，她同意和另一個部門與她協力合作的一位同事用邊走邊聊的方式來開會。這位同事提議：「我們一邊走路一邊工作吧。」一起初她不確定自己在走路時能否專心，可是她發現，擺脫了辦公桌上令她分心的事物讓她甚至能夠更為專注。她多了一小時的運動時間，同時還能繼續討論他們的專案。

她開始在吃午餐時和同事討論工作，但是隨著時間過去，他們的午餐時間變得比較不那麼正式。話題很容易就從工作轉移到人際關係、婚姻、子女或年邁的父母上，而他們在分享彼此的喜怒哀樂中培養出友情。這個午餐時間變得非常重要，她的這些同事每個人都把保留每天這一小時的時間視為優先事項，不管工作上有哪些其他要求。

他們很少討論健身或減重，但是彼此相處時產生的正面影響開始發揮作用。蕾貝卡告訴我們：「我們督促彼此吃得健康一點，確保我們會吃生菜沙拉之類的食物。就這樣，我在六個月之內減掉了大約十五磅到二十磅。」

蕾貝卡在身體健康上的改變既要歸功於她所結交的人，也要歸功於她自己有意志想要改變。長期下來，產生了深遠的效果。如今蕾貝卡有個新伴侶，他對她的健康有正面影響。她說：「我們喜歡一起烹飪。即使有時候我會說：『嗯，今天晚上我真的很想吃麥當勞。』我的伴侶也會說：『不，我們不吃麥當勞。讓我們來做點更好的東西吃吧。』我甚至不記得自己上次吃速食是什麼時候的事了。」

對大多數人來說，隨著微壓力的增加，我們最先放棄的就是對自己身體健康的承諾。因為太忙或太累，我們漸漸退出了曾經是自己生活重心的各種活動。我們可能會嘗試用一個野心勃勃的「新年度健康目標」來扭轉局面——今年我要每天跑十公里！或是今年我終於要減掉懷孕時增加的體重，或是今年我要重拾網球——但是我們的決心很少能夠貫徹。

當我們沒能達成身體健康上的目標，通常的反應是責怪自己——我的意志力太薄弱；我不夠專注——或是歸咎於生活上的種種要求：**我實在抽不出時間**。可是放棄把身體健康擺在第一位，這可能會產生持久的後續影響。

在這一章，我們將說明，要想對抗微壓力所帶來的身體損害，人際關係何以如此重要。我們將探討那些十中挑一者始終堅持的「改善健康之路」，也將分享有關保持身體健康的實用小訣竅。

我們的人際網路如何影響我們的身體健康

我們的人際網路何以會對我們的健康和長壽產生如此強大的影響？部分原因在於正面的社交互動會直接影響我們的生物機能。有證據顯示，社交互動有益於身體健康。具有支持性的人際連結有利於我們的免疫功能、內分泌功能和心血管功能，而且減少了壓力對身體系統造成的磨損。與家人、朋友和社區保持融洽關係的人更健康、也更長壽。

使事情更棘手的是，當我們邁入中年，當保持健康活躍的生活方式變得更為重要，我們卻逐漸疏遠了自己的許多人際連結。一項關於人際網路與健康的研究顯示，在三十五歲到四十歲左右會出現一個轉折點，當人們逐漸減少了某些人際連結，而那些人提供他們鍛鍊身體和注重營養的動力，並且和他們一起參加能改善健康的活動。當然，人生的這段時期引發了一波波的微壓力，當大多數人都扛著非比尋常的工作責任和個人責任。如果你的生活循著典型的模式，在你人生的這段時期，當你最需要有助於增強健康的人際連結時，你擁有的人際連結可能比任何時候都少。

在那些十中挑一者身上，我們看見了一些與眾不同的東西。他們並非單打獨鬥，而是藉由與他人的連結而把有益健康的活動融入日常生活中。他們同時調整自己的行為和人際關係，以避免回復舊有的生活模式。他們刻意避開會引發有害健康之選擇的人際連結或情境，然後建立起有助於保持健康的正面而真實的人際關係。他們對自己身體健康的投入不僅在於達到體重計上的理想數字，或是跑完十公里所需要的時間，也在於分享自己的經驗，並且接受其他人的挑戰和支持。

在訪談中，我們請受訪者回想自己活得比較健康的那些時光（不管「比較健康」對他們個人來說意味著什麼），然後不僅告訴我們當時他們做了什麼，也告訴我們那些使他們得以改善健康的人際連結所起的作用。我們訪談過的這些大忙人如何能成功地把新習慣融入生活中、並且避免自己故態復萌？他們的回答呈現

圖 7-1 ｜透過人際關係來推動正面的健康軌跡

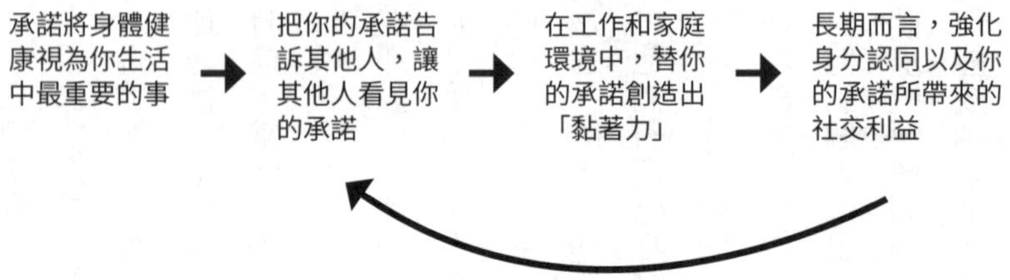
承諾將身體健康視為你生活中最重要的事
把你的承諾告訴其他人，讓其他人看見你的承諾
在工作和家庭環境中，替你的承諾創造出「黏著力」
長期而言，強化身分認同以及你的承諾所帶來的社交利益

出一種模式，大致如圖 7-1 所示。

如果重讀蕾貝卡的故事，你就會看出圖 7-1 代表了她所走的路徑，當她在任由自己的健康下滑多年之後重新回到正軌。每一步都導向下一步。請注意，蕾貝卡的改善健康之路是分階段進行的，並非一蹴可幾，但是這顯然是透過那些有助於她保持健康的人際關係而達成的。在這個領域，大多數的高績效員工都著重於與其他人的連結如何藉由運動和營養來幫助他們增進健康。但是同樣的原則也適用於人數較少的另一群人，他們著重於其他身體目標所帶來的好處，像是正念、冥想、睡眠、預防保健和壓力管理。

讓我們更深入地來看看，提升健康的典型軌跡中每一個階段是如何運作的，以及人際關係所發揮的關鍵作用。

第一步：把你的身體健康當成首要任務

通常是當某個人或某件事適時出現，促使我們無法再拖延，健康才會成為我們的首要任務。對某些人來說，當一位好友或親戚的健康情況出了問題，像是中風、心臟病發作，或是被診斷出有高血壓之類的警訊，我們就會感覺到這股推力。對另一些人來說，則是由於飲酒過量而一整天都有氣無力，或是在醫師的診間被體重計上的數字嚇了一跳。還有另一些人則是由於人際網路中的某人展現出重視健康的好處，從而感受到這股推力。

來自其他人的推力是這個過程中的關鍵部分。人際網路有助於把改善個人健康這個抽象概念轉化成有目標的具體行動。任何人都能提供決定性的激勵，不管是家人、朋友或同事。而激勵也能來自負面的例子。我們的動力可能來自於我們不想變得像他們一樣的那些人——由於太常吃商業午餐而體重超重、無精打采的經理，或是在工作中看起來精疲力盡、疲憊不堪的同事。一位受訪者告訴我們他父親在生病五年後過世，而他不希望久坐不動的生活方式最終使他成為子女的負擔。在許多情況下，重新把健康放在第一位與個人的人際連結共同發生作用，激勵我們邁出第一步。

把健康當成首要任務在三方面對我們有益：

- **這能對我們的大腦下達採取行動的指令。**一旦我們專注於達成一個重要目標，我們的潛意識大腦就會出力來幫助我們成功。研究顯示，我們的神經通路會影響決策。當我們設定一個目標，我們去達成目標的動力有部分是受到潛意識的推動，而我們並未意識到。
- **這能揭露讓我們無法保持健康的許多負面思考模式。**我們可能會看著身強體健的人，認為自己不可能做到。或是我們可能會誤以為自己的身體與其他人不同，因此不可能獲致身體健康。但是真心承諾把自己的健康放在第一位，這通常有助於讓我們看出自己在哪些方面做了不恰當的比較或負面思考，從而促使我們採取改善健康的行動。
- **一旦我們把某件事列為優先事項，就更容易找出時間去做。**如果你一心只想著花半小時踩跑步機會耽誤你去做該做的工作，那可能就很難讓你有理由用踩跑步機來展開每一天。在我們的研究中，當那些人說起自己的健康明顯有了改善的時光，他們共同的特點就是把健康提升到跟其他優先事項同等乃至更高的位置。

克林特是一家製造業公司的資深主管，一次甲狀腺小手術替他敲響了警鐘，在那之後，他就把自己的健康改列為優先事項。由於工作繁忙，家裡又有兩個小孩，他每天從醒來那一分鐘到就寢那一刻幾乎都專注於工作或家庭。要擠出時間來陪伴家人一向很難，而想把自己的身體健康放在第一位似乎是不可能的。但是甲狀腺手術改變了他看事情的角度。

他想要趕快康復，而且他不想在未來幾年由於健康欠佳而損失和家人相處的時間。長年缺少運動意味著他必須慢慢起步。他開始步行，起初只走一段短距離，但不久之後就能夠走得更遠。從微小的努力開始，克林特能夠激勵自己走上改善健康的道路，這當然是合理的。不過，這一次有點不一樣。他堅持了下來。

他的行動軌跡就跟蕾貝卡的行動軌跡遵循著相同的模式。他首先公開自己的目標，告訴家人他想要恢復體格。他制定了例行的作息常規來幫助自己堅持下去，像是在完成晨跑之前根本不去查看電子郵件。這樣一來，他就不會在做到自己的健身承諾之前先陷入工作的微壓力中。隨著時間過去，他開始用不同的眼光來看待自己。他開始認為自己是個精力充沛的人，而不是每天晚上都精疲力盡地倒在床上的人。隨著這個身分得到強化，他投入更多時間來維持健康。從每天早上吃力地健走，到後來他能在週末和一群慢跑的朋友跑上五公里或十公里。克林特告訴我們：「我感覺我變成了更好的自己。」

十中挑一者的小訣竅

● **調整多個領域的優先事項。**在你生活的每一個領域——工作、家庭、朋友……等等，都刻意把健康提升為優先事項。如果你只在生活的一個領域優先考慮健康，而在其他領域卻繼續從事不健康的活動，就很難作出持久的改變。克林特和妻子協調他的慢跑時間，她以他的慢跑時間為中心來安排他們的日程，甚至會溫柔地敦促他去慢跑並且堅持下去（有時是推他下床）。他也向同事表明，他要等到晨跑結束之後才會查看電子郵件。

● **尋找榜樣。**在你的人際網路中尋找那些成功地把健康當作優先事項的人，或是朝著這個方向努力而有了良好進展的人。留意他們在做些什麼，以及這對他們的活力和情緒有何影響。一次和老友的巧遇激發了克林特嘗試慢跑的念頭，因為對方是個活躍的跑者。我們的一位受訪者驚訝地聽見他的主管告訴每個人，說她每天早上七點開始要健身運動，因此會有一個小時聯絡不到她。你也可以考慮去尋找負面的榜樣，亦即那些你不想成為的人，他們幾十年來都過著不健康的生活，如今深受其害。這也能成為強大的動力。

● **提升對你真正具有意義的優先事項。**抗拒一般常見的做法，不要用周圍人的意見來評判自己；唯一真正重要的是你自己的旅程，而不是別人的。大衛在四十歲時意識到自己這十年來體重增加、身材走樣。一些大學時代的朋友取笑他，說他現在的腹部有「一塊肌」，而非他從前引以為傲的六塊肌。但是他並沒有把恢復六塊肌當成目標，因為這個目標會很難達成，而是替自己設定了一個不同的目標。他告訴我們：「我希望在今年夏天跟我兒子一起去健行時，能跟得上他的腳步。」有了這個明確的目標，有助於激勵大衛利用週末開始在住家附近步行，背著有重量的背包，讓他的身體習慣負重行走。漸漸地，他步行的速度和距離都有了進步，而他很高興自己在夏季健行時能跟得上他十歲兒子的腳步。

第二步：把你的承諾說出去，讓別人看見你作的承諾

我們可能會傾向於暗中展開自己為健康設下的新目標，以免我們沒能做到，而讓別人看見我們沒能實現自己設定的目標。請各位抗拒這種傾向。當家人、朋友或同事知道我們正在努力實現一個和健康有關的目標，他們通常會替我們加油。而在他們面前，我們也更可能作出有益健康的決定。我們在暗中設定的目標就無法得到這種支持。共同的目標則力量更大，能產生額外的好處，得到其他人情感上和實際上的支持。對許多十中挑一者來說，就是這類互動和人際關係造成了堅持下去和故態復萌之間的差別。久而久之，共同的目標和眾人的支持能幫助你作出有益健康的選擇，使之成為你身分認同的一部分。有時候，這些共同的目標是重大的努力，像是跑人生的第一場馬拉松。但是為健康所作的微小努力也同樣常見，像是一起散步、一起參加每週一次的瑜伽課，或是刻意改善飲食。讓別人看見我們為了達成健康目標而作的努力，並且和周圍的人分享，這對我們有三大好處：

- **我們能得到別人的鼓勵和情感支持。**知道別人在替我們加油，能增加我們的動力，付出達成目標所需要的辛苦努力。
- **我們自然會感覺到有責任去履行自己的承諾。**一位受訪者想要改善她的睡眠品質，於是向她的伴侶承諾，每天晚上九點就把手機留在門廳。如果她試圖在睡前再偷偷看一下最後一封電子郵件，她的伴侶只要皺皺眉頭就足以提醒她自己所作的承諾。
- **我們在生活中會經常發現也想要變得更健康的人。**這種發現給我們提供了新的機會，讓我們能一起運動、一起吃更健康的食物，或是一起參加有益身體健康的其他活動，從而強化彼此之間的關係。

威廉是個四十三歲的專案經理，任職於一間大型外包服務公司，他從來沒有時間運動，也從來不太考慮自己的飲食。他的職場工作氣氛緊張，同事會誇耀自己在週末工作和加班到晚上。他工作勤奮，努力不要經常加班到晚上，但是他的日子充滿了消耗他能力的微壓力。由於他別無選擇，只能讓工作延續到夜晚和週末，他經常取消和朋友碰面的計畫，或是忽略了他個人的優先事項。他知道自己經常暴躁易怒，工作時頭痛欲裂，而這種頭痛在他休假時就會消失。由於威廉身材苗條，他以為自己身體健康。他很少去看醫生，但有一次他去看醫生時，他震驚地發現自己患有高血壓。

當威廉向幾個同事提到他的診斷結果，他們承認自己也感受到這種賣命工作的職場文化所帶來的類似影響。於是他們一起想出了一個計畫：減輕壓力的休息時間。在咖啡時間，他們不再坐在一起談論工作，而會離開辦公大樓一起散步十五到二十分鐘，或是開車去附近一座公園，聊聊工作以外的任何事情。

頭幾次活動感覺有點蠢而且不自然，部分原因在於他們對於彼此以及彼此在工作之外的生活所知甚少。可是隨著時間過去，這些交談變得更自然，逐漸發展成深刻而真實的人際連結。而且此舉奏效了！即使是這些短暫的休息時間也給他們帶來了新的視角，並且提升了團體的士氣。而且，由於這是團體活動，大家很少會不參加。

幾週後，大家發現自己想出的解決方案更有創意，工作效率也提高了。一些同事注意到他們在工作態度上的改變，也想參與這種消除壓力的休息時間。威廉和其他人協助不同組的人發展出自己的減壓休息時間和午餐時間。

威廉的頭痛和睡眠問題消失了，焦慮也減輕了。的確，他仍然有許多微壓力，但是他覺得自己更能夠分清工作任務的輕重緩急。他和女友在一起時也比較不那麼煩躁，而且他的血壓開始降低，即使沒有服用藥物。

如果你把改善健康或維持健康的努力視為個人的努力，就很難維持動力。利用你和周圍之人的人際關係，獲得他們的支持，就能大大提高你本身實現重要健康目標的能力。

十中挑一者的小訣竅

● **坦白說出你的目標或掙扎。**因為有可能會失敗，使我們傾向於不把自己的目標告訴別人，但是我們必須坦白說出來，如果我們想要建立起一個社群，能幫助我們踏出第一步，然後堅持不懈地追求健康。這種告知不必是正式的宣言，雖然要正式宣告也可以。在交談中隨意提及你立下的目標很難達成，而你需要後援。先從較小的朋友圈開始，如果這讓你覺得比較容易。有人把日曆掛在辦公桌隔板上，以隱微的方式讓其他人知道她的目標。在她有做運動的日子，她就在日曆上打個綠色的勾；在她沒做運動的日子，她就在日曆上打個紅色的叉。她不確定是否有其他人注意到，但是單只是知道她以這種方式公開了自己的進展，就大大激勵了她。另一個人設定了一個適度的減重目標，並且告訴他的伴侶他將會在每個月底報告自己的進展。知道每個月都將會有這番對話，就使他維持了想要成功的高度決心。

- **請求家人協助。**藉由愛和親情，家人提供了特別強大的動力。有人把自己的減重目標告訴家人，也告訴家人他想要減少的行為，例如一邊看電視一邊吃零食。雖然在他打破自己的新習慣時（例如端著一碗洋芋片走進電視間），家人只會打趣地取笑他，但他們的反應就足以提醒他要堅持下去。家庭成員也可以調整每天早晨照顧孩子的時間表，輪流去健身房，或者是在下班回家途中花點功夫去購買新鮮食材。
- **組織團體活動，一起努力。**如果公開的承諾是由幾個人或許多人共同立下，就會更有力量。團體的投入會立即建立起一個相互支持和要求彼此負責的人際網路。威廉的減壓休息時間之所以奏效，就是由於團體的投入。另一位受訪者則把騎自行車的承諾變成了和朋友一起進行的團體活動，他們當中有許多人已經很多年沒騎過自行車了。隨著這個團體日益壯大，成員開始在活動中額外加入市區自行車休閒之旅。有些人甚至購買了健身自行車，以便在下雨天進行訓練，而隨著時間過去，這個團體開始在週末騎行更長的距離。

第三步：藉由工作和家庭中的人際關係來產生黏著力

承諾作出改善健康的行為並且展開行動，這件事已經夠難了，而要堅持下去則更難。再說一次，要想堅持下去，意志力不是唯一的解答。解答也來自你的人際網路——要求我們負起責任的隊友、讓我們誠實遵守運動時間的家人、為我們的成功喝彩的同事，以及願意改變自身行為來支持我們改變行為的真正朋友。他們形成了一個支持網，防止我們故態復萌，並且替我們加油，讓我們持續保持動力並遵守承諾。

在促進身體健康的目標上創造出黏著力，能在三方面有所幫助：

- **每日的小決定不再只是我們本身的決定。**黏著力意味著當我們的動力減退時，身邊會有人來支持我們、鼓勵我們。這個好處不僅在於有人來督促我們，讓我們不要蹺掉瑜伽課。而在於瑜伽課上有我們想見的人，因為一起做瑜伽——笑著做尚未完全掌握的姿勢、課前課後的閒聊、課後感覺更為舒暢——已經成為建立友誼的重要活動。我們的決定會影響其他人，而我們不想讓他們失望。

- **周圍的人提醒了我們，身體健康帶來的感覺多好。**一個正面的榜樣能夠有力地提醒我們，付出努力去追求健康目標何以是值得的。正面的榜樣提醒了我們，當我們放縱自己時，我們並不是最好的自己，也提醒了我們，精力充沛的感覺有多好。
- **黏著力讓我們對別人產生責任感。**我們往往願意為了身邊的人去做我們可能不會為自己做的事——此舉產生的幸運結果是：我們的人際網路會幫助我們在應該到場時到場，並且繼續努力，即使這樣做很難。

不出所料地，我們發現黏著力有賴於那些願意改變自己行為來支持我們作出改變的人。他們形成了一個支持網，防止我們故態復萌，並且替我們加油，讓我們保持熱情並遵守承諾。

詹姆斯把每週和朋友一起打籃球當成優先事項，他知道如果他說：「嘿，我這個星期有點累。」他的隊友就會給他臉色看。他們會說：「我們大家都很累！你還是可以來打球的。別像個小娃娃。」而他也會這樣對他的隊友說，如果他們想要偷懶的話。史黛西改變了久坐不動的生活方式，開始跑馬拉松，她述說了和其他人一起進行艱苦訓練時所養成的責任感：「你不能當那個找藉口退出的人。我感受到同儕壓力，但那是愉快的，因為大家都在一起同甘共苦。」

比起我們自己，家人往往能把我們看得更清楚，他們能幫助我們意識到：身體健康不僅讓我們感覺更好，也讓我們更能扮演好身為家人、朋友和養家者的角色。詹姆斯回憶他太太會對他說：「當你身材走樣的時候，你就會脾氣暴躁。」另一位受訪者的丈夫會提醒她，如果她沒有每天做運動，就會影響她的幽默感和專注力，也會影響她一整天的精力。這些提醒增添了我們的意義感，有助於克服途中難免會遇到的障礙。

十中挑一者的小訣竅

● **騰出非做某件事不可的時間。**安排好你生活中的活動或優先事項，讓你即使面對來自工作或家庭的強烈要求，也仍然能夠信守你的承諾。詹姆斯請助理協助他信守每週打籃球的承諾。他告訴助理：「你可以讓我飛去公司需要我去的任何地方出差，但是請讓我能在週四晚上回家，這樣我就可以去打籃球。」在每星期的那幾個小時裡，他可以拋開工作壓力，就只是享受球友的陪伴和籃球場上的競爭。隨著他的壓力減輕，變得更能掌控，他的睡眠也改善了。而且詹姆斯發現自己能夠更輕鬆地擺脫日常生活中的微壓力。他告訴我們：「我會聆聽別人述說某些新危機，然後冷靜地說明我們將如何處理，而大家就會點頭照做。於是很多明爭暗鬥似乎都消失了。我認為我現在顯得更有權威，而這有助於讓大家支持我的想法。」

● **藉由你和其他人的關係，用新的眼光看待自己。**對那些堅持自己對身體健康所作之承諾的人來說，一個微妙的差異在於他們如何著重於自己所作承諾的積極面向，而不僅是他們試圖克服的消極面向。例如，他們的人際網路不僅幫助他們減重，而也幫助他們看見新的身分認同和他們所創造出的正向改變——看見他們如何打造出更好的自己。例如，尚恩告訴我們有一年冬天，由街坊鄰居中幾個爸爸組成的鬆散團體在一個後院建造了一座溜冰場，而這個團體成了一個很好的傾聽平台，幫助他們每個人應對各種微壓力——新上司、過節時家人間的緊張關係、老繃著臉的青少年子女……等等。他們在建造溜冰場時會隨意閒聊，有時會互相取笑，但總是會找出方法來提供支持。一起建造溜冰場（在夏天則架設排球網並且組織非正式的比賽），幫助成員建立起深厚的情誼。

從表面上看，除了住在同一個社區，他們並沒有什麼共同點，可是並肩建造那座溜冰場，然後週復一週地帶著孩子在那兒玩耍，就幫助他們建立起連結。他們成了一群好哥兒們，是他們當中每個人自從童年以後就不曾擁有的。隨著尚恩的家庭成員增加，當初成家時買下的房子已經嫌小，他們本來很容易就能搬到幾英里之外一棟更大的房子，住進一個更高級的社區。可是他無法想像失去和鄰里街坊這個爸爸團體的聯繫，因此他沒有搬家，而是選擇了比較困難、也比較昂貴的辦法，擴建了房屋，以容納增加的家人。他告訴我們：「每個星期看見那些夥伴有助於我用正確的視角來看待自己的問題。」由於他們的共同活動總是以體育活動為中心，他們每個人都把自己視為運動團體的一員，強化了想要跟得上團體活動的願望。可是活動從來不僅在於溜冰或打排球，而在於跟那些有相同愛好或承諾的人培養出真實的關係。

● **讓最親近的人跟你一起參加有益健康的活動。**人們經常把運動時間和與家人朋友相處的時間對立起來：如果我們選擇其中之一，就會失去另一個。其實並不必如此。我們可以結合兩者。一位受訪者安排和小孩幼兒園的另外幾位家長一起去大自然中健走。由於他們都有全職工作，很難參加幼兒園舉辦的一些家長聯誼活動。而以這種方式，他們把運動和增進彼此了解的機會結合在一起。她告訴我們：「這是個巧妙的解決辦法，因為它落實了和朋友相處的重要時間，這是我生活中的一件優先事項，還有和家人相處的時間，這是我的另一件優先事項。」

指導時間

管理負面影響

給我們製造壓力或是助長有害健康之行為的，往往是我們最親近的人：朋友、子女或配偶。例如，婚姻是提供支持最主要的來源之一，但是對許多人來說也是微壓力的來源。而不健康的朋友經常會帶著我們走上同樣的路，導致飲酒量增加、肥胖或是飲食失當。研究顯示，如果我們人際網路中的人體重過重，我們就更可能也變得肥胖。

我們的不健康往往既可以歸咎於我們本身的意志，也可以歸咎於我們人際網路中無益於健康的行為。我們養成了自己不會加以質疑的習慣，那些習慣就只是「我們在一起會做的事」。要戰勝這些負面影響，難處在於我們無法輕易地把造成這些負面影響的人從生活中剔除，因為我們愛他們、需要他們，或是每天和他們一起工作。那麼，該怎麼辦呢？我們可以改變彼此關係中的行為。試一試下述做法：

❖ **把你們的互動轉移到正面的環境中。**多花時間在能產生正面影響的情境中與人相處，例如一起散步，而少花點時間在會產生負面影響的環境中與人相處，例如餐廳和酒館。如果你們的關係是建立在不健康的行為上，要改變可能會很困難；你可能需要發揮一下創意，來找到更健康的選項。一位受訪者原本以為每週六上午和朋友在一家煎餅店聚會的傳統很難改變。可是在坦誠地討論了他想要減重的努力之後，大家都同意改為在彼此家中門廊上喝咖啡。幾個月之後，這群朋友當中有好幾個人承認他們很感謝他提出了這個請求，因為這個新做法也對他們的健康有益。

❖ **請求其他人也調整自己的行為。**如果你周圍的人吃的都是沒營養的食物，要你承諾去吃營養食物可能會格外困難。如果其他人不改變他們和你互動的方式，你可能也很難在生活中展開有益健康的行為。一位受訪者請配偶上班時晚半個小時出門，讓她能在早晨健身。另一個住在城市裡的人以自己所住的公寓為中心，在地圖上畫了一個半徑一英里的圓圈，然後要求家人承諾步行前往這個圓圈內的任何地點，而不要請求他開車送他們。隨著時間過去，這個圓圈愈來愈大，他家人的步行習慣使得他更容易達成他所需要走的步數。

❖ **融入更有益健康的人際關係。**有些人或團體的健康利益和你較為一致，不妨增加你和他們相處的時間。例如，一位受訪者告訴我們：「我和某一個朋友出去玩的時候，到最後總是喝得太多。一旦我們開始喝酒，就很難停下來。於是我邀請另一位朋友一起來，他比較可能在喝了兩杯葡萄酒之後就喊停，而我就能順水推舟地跟著離開，這讓我更容易去做正確的事。」或是，如果和你經常碰面的那群朋友對運動不熱中，那就找出那些可能會有興趣多做些運動的團體成員。如果你們一起努力，或許能使這個團體多動一動，如果不能，你也可以替這一小群有意從事更有益健康活動的朋友找到新的活動地點。

第四步：強化你的身分認同，並且得到長期承諾所帶來的社交利益

健康的行為要靠你的自我認同來維持。那些十中挑一者擅長堅持有益身體健康的行為，因為隨著時間過去，他們的人際連結以及共同目標幫助他們改變了自己的身分認同——身為跑者、自行車手、素食者、正念大師或是藉由冥想而保持冷靜的人。當一項行為成為我們自身的一部分，而且我們把這項行為融入與他人的真實關係中，我們就不會再將之視為維持健康的乏味任務。事實上，有些人的身分認同和他們與其他人一起從事的練習（像是冥想或瑜伽）緊密相連，乃至於他們如果沒有每天參加這些團體，就無法感到身心平衡。在幫助我們抵擋生活中其他方面的微壓力時，這種身分認同直接發揮了作用。我們不讓自己完全由工作來定義，因為我們還有其他活動，這些活動幫助我們保持身心健康，而且我們和自己所在乎的人一起從事這些活動。我們的生活不是只有工作。由於那些十中挑一者不讓自己（或自己的精力和專注力）完全由工作來定義，在任何一天所遭受的微壓力就不會帶來太大的打擊。這種明確的身分認同讓人有勇氣去推掉一些工

作，留下時間從事有益健康的活動。而這也鼓勵他們期待去參加這些活動——為了活動本身，也為了活動中的人際關係——形成一個自我強化的循環，比起只為了達成像減重這種單一目標而參加的活動，這些活動更能持久。其妙處在於創造出這種正面的吸引力和對健康的渴望，而不僅是在社會壓力下去消除像酒癮或肥胖這類的負面因素。

獲得身分認同和社交利益能產生對健康目標的長期承諾，並且將微壓力的負面影響減至最低，這至少還有另外兩個原因：

- **具有支持性的長期人際關係能帶來生物學上的好處。**在一項研究中，研究人員把一種常見的感冒病毒注入受試者體內，結果發現那些擁有較強之人際網路的人對病毒的抵抗力更強。正面的人際互動有益於我們的免疫功能、內分泌功能和心血管功能，而劣質的人際互動則和發炎以及免疫反應受損有關。
- **活動幫助我們和與我們不同的人建立起關係。**由於我們自然而然地傾向和與我們相似的人為伍，不會有人促使我們去質疑自己的人生目標、去改變我們對於逆境的想法，或是維持從正面的角度來看待我們所擁有的東西。

和有共同愛好（例如素食生活、跳搖擺舞或游泳）的人互動，能幫助我們和生活背景不同的人建立起情誼。這些互動也能打開我們的視野，讓我們用新的方式來看待生活。不妨問問自己上一次發生這種情況是什麼時候：當你和別人談起你碰到的問題，而對方從截然不同的角度來看待這個問題。

在職場上藉由體育活動來與他人建立連結，也有助於擴展人際網路。蘇普麗亞是一位工程總監，她每週一次在午餐時間參加公司辦的體能訓練營。她描述那些在工作場所從事體育活動的人，說他們擁有最佳的人際網路：「他們擁有不同的觸角，是你通常無法透過你的固定工作培養出來的。」其他的受訪者也認為，在工作場所之外從事體育活動，可以結識一些通常不會進入他們社交圈的人。

十中挑一者的小訣竅

● **找到志同道合者。**利用你的身體健康目標，來和與你有共同愛好、但你平常可能不會與之互動的人建立連結。喬潔是個有強烈進取心的科技業高階主管，在擔任高壓力工作二十年之後，她改為擔任無需承擔管理責任的獨立貢獻者（individual contributor）。這個改變給她帶來了生存危機。她回憶說：「我不再知道自己是誰了，那種感覺非常奇怪。我一向具有非常強烈的A型人格，永遠都在工作。我總是覺得我得做得更多，走得更遠，得要化解危機。」每日的瑜伽課讓喬潔認識了一群互相支持、而非互相競爭的女性。「置身在這個環境中，我們不僅可以不必完美，甚至可以看出失敗之美，這種感覺非常自由。多虧了瑜伽，現在的我更加平衡。我現在很擅長說『我不能』或『我不想』，我能夠接受自己的不完美和極限。」隨著時間過去，瑜伽的原則已經融入了喬潔的身分認同。

● **向彼此展現出自己脆弱的一面。**和與我們不同的人坦誠相待，並且揭露自己脆弱的一面，能使我們對工作或人際關係上的挑戰有新的看法，也能幫助我們看出生活中好的一面，而不是視為理所當然。我們經常聽見受訪者描述他們如何藉由向彼此展現出自己脆弱的一面而建立起新的人際關係，培養出深厚的情誼和信賴，像是一起為了參加一場艱苦的賽跑而訓練，或是在減重聚會上坦承自己的軟弱。安娜是位高階主管，她和一群同事為了參加一百公里的慈善健走而一起訓練。她說這群同事大多是公司的新進員工，彼此之間並不熟悉，可是隨著他們一起努力徒步走了一英里又一英里，氣氛就改變了。她回憶：「你可以看出別人也有消沉的時刻，於是他們就會沉默下來，然後你會看見其他人必須要拉他們一把。」他們更了解自己，也更了解彼此，了解其他人如何在壓力下作出回應，直到如今，這一群人仍然很親近。

● **為建立人際關係創造空間。**花點功夫，在健身活動之餘跟別人交流。我們往往忽略了在活動或運動前後跟別人交談的機會，從而錯失了良機。花點時間與人交談，並且在兩個層面上進行。首先，談談你們喜歡這項活動的哪個部分，或是哪個部分令你們感到吃力。其次，談談你們生活中的其他事情。以這種方式來開展對話是常見的第一步，許多受訪者用來在長時間裡建立起深厚的友誼。和同事一起訓練一百公里健走的安娜身兼職業婦女和新手媽媽，她一直沒有機會和所住社區裡的其他媽媽建立連結。但是在她公司的健走團體中有好幾位母親，於是她開始在健走前後與她們交流，討論身為職場媽媽的挑戰與快樂。她也開始對自己的工作感到更有信心，知道有幾位同事支持她，可能會在她工作有困難時向她伸出援手。

指導時間

把你的身體健康列為優先事項

以下是啟動能促進你身體健康的行動軌跡，並且堅持下去的辦法。首先，找出一個你想提升為優先事項的健康目標。這個目標可以是重新開始跑步、去健身房、減掉五磅體重，或是任何對你來說重要的事。然後逐一完成能產生能見度和黏著力的幾個步驟，挑選那些最適合你和你所選定之目標的建議。想一想你所計畫的改變將如何影響你的身分認同，也想一想這可能會給你帶來的額外社交利益。

你從生活中移除的東西，可能和積極的行動同等重要。那些十中挑一者之所以成功獲得身體健康，部分原因在於他們能夠管理負面的互動——尤其是和那些製造出壓力或是助長了不健康行為的人，這些互動可能會讓他們偏離正軌。表 7-1 示範了你可以如何考慮訂出一個計畫。

在我們的研究中，大多數人都承認，隨著年齡增長，由於時間不夠用，身體健康在他們優先事項中的排序就愈來愈低。但是那些十中挑一者不這麼認為。對

表 7-1 ｜我的首要健康目標：訂出一個計畫

所追求的品質	步驟	例子	你計畫要做的事，以及要和誰一起做
優先順序	**把身體健康列為優先事項，**選擇一個對你很重要的身體健康目標。	每週去健身房三次，提高你的速度，降低你的膽固醇，減掉五磅體重。	
能見度	**製造出能見度：**你想把你的目標告訴哪些人？	和配偶／伴侶或家人談談這件事，和一群同事一起報名參加一項活動，在網路論壇上貼文。	
黏著力	**建立支持結構：**是否有辦法安排你的日程表？或是利用團隊或社團的現有結構？你要如何留出沒得商量的時間來支持你的目標？誰會讓你誠實地履行你的承諾？	請你的助理安排每週兩次的健身訓練課程，訂出和主車群一起騎自行車的時間表，保留週四晚上的時間和朋友一起打籃球，訂出週末上午和朋友一起散步的計畫。	
	養成責任感：你能否加入一個團體或社團，或是和其他人一起參加一個課程，讓你覺得自己有責任出席並且支持其他人？你能作出哪些小決定來加深你和其他人的連結？	和同事一起報名參加一場賽跑，參加一個自行車社團，和朋友一起展開減重計畫，上完飛輪課之後和同學去喝杯咖啡，而不要急著回家。	
	一舉兩得：如何讓已經對你很重要的人參與你的健康活動？	和朋友一起去健行，參加一個親子足球隊，和配偶一起去健身房。	
	管理那些助長負面影響的人：是否有些人影響你走往錯誤的方向？如果有，你該如何處理這些人際關係？	改變這些人際關係，讓你們花較多時間以有助於你實現目標的方式相處，而非阻礙你實現目標。	
身分認同和社交利益	**反省：**你認為這些改變會如何影響你的自我意識？這些改變能否擴展你的人際關係，有益於你個人或你的職業？這些改變會幫助你建立更深厚、更真實的人際關係嗎？會給你帶來新的視角嗎？	藉由參加公司舉辦的體能訓練營或是一起參加一場企業競跑賽，來與更多不同類型的同事建立連結。	

他們來說，透過與他人的人際關係來努力維持身體健康乃是他們身分認同的一部分。當他們沒有從事有益健康的行為，他們就覺得渾身不對勁。

沒有人會一下子就放棄自己的身體健康。隨著歲月流逝，我們讓這件事一點一滴地逐漸發生，當微壓力消耗了我們的時間、精力和情緒能力，使我們不勝負荷。透過與他人的連結來把身體健康列為優先事項，這是對抗微壓力的一劑良藥。單是這件事本身就能提高我們的生活品質，但是擁有堅實的支持網路所帶來的好處甚至還遠遠不止於身體健康。如同下一章將會討論的，生活中的人際連結有助於提供我們更為有力的東西。在人際連結中，我們能夠找到生活的意義。

Chapter 8

如何找到生活的意義

主要洞見

❖ 我們都必須養活自己和家人，**但是想一想，你是否掉入了一個陷阱，為了滿足社會對成功的定義**（更大的房子、更好的車、更豪華的假期）**而做得太過頭，花費了更多努力和時間在工作上**，卻失去了你曾經重視的活動、人際關係和身分認同。

❖ **當你對於自己做的事懷有強烈的意義感，你就比較可能換個角度去看待微壓力，讓你能夠忍受它們。**在艱困時期，意義提醒了你為什麼值得堅持下去。

❖ **意義並不僅僅存在於你的工作性質中**，儘管一般人這麼認為。**你在工**

作上和工作之外的人際關係對你的生活意義起了關鍵作用。重點不只在於你做的事，而在於你如何和其他人一起做。

❖ **我們找出了能夠產生意義的五件事，你可以刻意將之融入你的日常人際關係中**，而無須徹底改變你的生活：

- ○ 把握機會去幫助別人
- ○ 尋找對你個人具有意義的人生角色和目標
- ○ 在微小時刻找到真實的人際連結
- ○ 和同事進行「共創」
- ○ 藉由共同的價值觀來建立連結

❖ **意義並不僅僅存在於崇高的工作或拯救世界的偉大抱負中**。那些十中挑一者讓我們看出，如何能透過日常生活中與他人真實連結的微小時刻而創造出意義。

由於出差臨時取消，馬可難得有一天不必上班。為了這趟出差，他已經騰空了日程表，因此他沒有迫切的理由進辦公室。在大多數的日子，早在他的孩子還沒醒來之前，他就已經出門了。這一天，他在廚房裡逗留，希望在孩子匆忙準備

上學時跟他們聊一聊。但是孩子們不太搭理他。他太太就只在開車去上班之前跟他談了一下，問起幾件家務事。他該如何度過這不必上班的寶貴的一天呢？假如是十年前，他可能會打電話給一個好朋友，找對方一起打一場網球，可是自從膝蓋受傷後，他就不再打球了。他心想：「這太可悲了。天氣很好，我也沒有必須要盡的義務，但我無事可做，也沒有打電話的對象。」他在想也許不如還是去上班吧。

當他在空蕩蕩的屋子裡晃來晃去，馬克猛然醒悟。隨著歲月流逝，他逐漸把他在家庭之外的部分生活，那些曾經給他帶來歡樂的事，從優先事項裡移除，因為工作消耗了他的時間和精力。馬可告訴我們：「隨著時間過去，我們很容易就讓一些東西悄悄溜走。情況就只是每況愈下。當你年輕時，你努力往上爬，花了很多時間和精力投入工作和事業。然後你有了小孩，這當然是件美好的事，可是你意識到在子女和工作之間，你沒有什麼時間去做只為了你自己而做的事。」隨著歲月流逝，他逐漸放棄了生活中給他帶來快樂的那些外部活動。他的日子就好比學習克服微壓力的障礙賽訓練場。他的許多其他活動還包括協助年邁的雙親，他們堅持要繼續住在自己家裡，雖然他們已經無力維修房子，而且這兩年來他的行銷經理已經換了第三任，他得要學習與之共事的微妙細節。他實在沒有時間或精力再去做什麼，除了撐過日常生活中的微壓力。他滿足於自己並沒有感到不快樂，但是這和強烈感受到人生的目的和意義當然並不一樣。

在我們的研究中，像馬可這樣的故事比比皆是。在企業中努力往上爬的人經常在某一天恍然醒悟，意識到自己遠離了他們曾經嚮往的生活。他們通常會指出自己「做得太過頭了」：一個關鍵的轉捩點——金額更高的房貸、更長的通勤時間，或是由於職務晉升而需要更常出差——以某種方式改變了他們生活的基調。他們的個人故事就只剩下工作的故事。少了某些東西。有人向我們感嘆：「我不再是大學時代的我了，我失去了朝氣和活力。」

也許你很少想到人生的意義，因為它似乎短暫易逝，或是因為它是你無暇顧及的東西。可是這會是個錯誤。不管人生意義這個概念聽起來有多抽象，對於你抵擋微壓力的能力都具有關鍵作用。

而且隨著我們漸漸年老，人生意義可能還會變得更加重要，如同英國學者安德魯．斯特普托（Andrew Steptoe）和黛西．范考特（Daisy Fancourt）所說，他們研究人生意義和整體幸福感之間的關聯。「保持『人生是有價值的』這種感覺，對於老年人來說可能格外重要，當社會關係和情感聯繫往往支離破碎，社會參與減少，而健康問題可能限制了個人能作的選擇。」如果我們強烈地感覺到自己所做的事是有意義的，我們就更可能換個角度來看待微壓力，使之變得可以忍受。在生活中擁有更大目標的人展現出更強的能力去調節自己的負面情緒，這使他們比較不會被恐懼或焦慮拖垮。在遇到逆境時，他們也更容易振作起來，繼續前進。

而找到和知道自己人生的目的，其好處遠遠不只限於早晨有起床的理由。研究也指出，人生有目的能大大減低死於心臟病發作或中風的風險。而覺得生活有意義能讓人睡得更好、也更有韌性。甚至有證據顯示，生活有強烈意義感的人更為長壽。

神經科學也揭示出覺得生活有意義會如何影響大腦功能。在一項研究中，強烈的意義感和杏仁核（大腦中掌管恐懼和焦慮的部位）的反應減緩有關，也和前扣帶皮層更加活化有關，這個部位掌管一些高階功能，像是注意力分配、作決策以及衝動控制。這意味著，意義感能幫助我們抑制恐懼反應，使我們比較理性的念頭居於上風，因此使我們更能好好地處理壓力情境。另一項研究發現，在針對記憶力、執行功能以及整體能力的測試中，生活意義感較強的人得分較高。生活有意義有助於抵禦微壓力，使你的思緒更清晰。人生中的意義感愈強，調節負面情緒的能力就愈強，使人比較不會被恐懼或焦慮拖垮，也更容易在遇到逆境時振作起來，繼續前進。

我們在訪談中看出了意義感對神經系統和生理上的影響。在我們的受訪者當中，那些擁有明確意義感的人對微壓力的體驗似乎有所不同。比起那些完全由工作定義自己身分的人，他們比較不會被小事困擾。他們似乎也更擅長在生活中作出取捨，例如前文中提到的十中挑一者馬修，他因為不想舉家搬遷而放棄了五十萬美元的績效獎金。這些正面的取捨不斷累積，久而久之，當事人會在健康和幸福上體驗到莫大的好處。

當然，知道意義感對你的幸福至關重要，這未必能讓你更容易找到自己的人生意義。許多人都窮於應付日常生活的瑣事，不允許自己「奢侈地」花時間去尋找並專注於一個有價值的人生目的。

但是，請繼續讀下去。如果比起馬修，發現自己除了工作就一無所有的馬可更能引起你的共鳴，我們能提供你希望。你能找到你的人生意義，而且不需要藉由生活上的大幅改變或重大經驗。事實上，受訪者當中那些最快樂的人，擅長在你可能認為再平凡不過的活動中找到意義。

能在你生活中產生意義的事物

藉由人際關係建立起意義感有三個具體的好處。首先，這有助於我們在困難的情況下堅持下去，因為我們看出了自己有更大的理由去努力度過難關。其次，這能幫助我們更加理性，儘管微壓力眼看就要迫使我們作出情緒化的反應。神經科學顯示，意義感減緩了來自大腦恐懼中心的反應，並且活化了有助於作決策和控制衝動的高階功能。最後，意義感使得微壓力變得比較容易忍受，提醒了我們為什麼在艱困時期堅持下去是值得的。

在這一章，我們將討論你現在就可以採取的具體步驟，來開始建立意義。我們將找出五種能夠產生意義的事物，你可以刻意將之融入你的日常人際關係中，而無須徹底改變你的生活，你可以透過生活中的人際關係來找到意義，不管是在工作場所、在家裡，還是在社區裡。

把握機會去幫助別人

為他人付出，哪怕只是小小的付出，也能產生明顯的意義感。而且這不僅是因為我們被教導這樣做乃是正確之舉，事實上，有科學證據說明了何以幫助他人能給我們帶來意義感。這根植於研究者在帶來幸福感的（Eudaemonic）活動和享樂性（hedonic）活動之間常作的區分。Eudaemonic 這個字源自 eu 和 daimon，前者的意思是「善」，後者的意思是「精神」或「靈魂」，帶來幸福感的活動是向外的，包括那些我們為他人付出的活動。這個詞來自亞里斯多德所描述的「追求美德、卓越和我們內心最美好的東西」。相反地，享樂性的（hedonic 的意思是「愉悅」）活動則是向內的，更著重在當下的滿足。買到最新款的手機、花大錢享受一頓美食，或是贏得一份新的銷售合約都可能是享樂性的活動。這些活動本身都不是壞事，可是如果對享樂的追求主宰了你的生活，你就會開始作出長遠來看不會讓你幸福的選擇。

新興的神經科學研究顯示，超越於享樂之上的活動，例如為他人付出，長期下來會帶來更大的幸福感。在一項研究中，功能性磁振造影被用來觀察大腦獎勵中心（腹側紋狀體）的神經活動，當受試者想著給別人錢或是收到錢。在一些人身上，關於給別人錢的問題（例如，如果你要給別人錢，你會給誰？為什麼？）刺激了高獎勵活動。而在另一些人身上，關於收到錢的問題（例如，假如你會收到錢，你想要花在什麼地方？為什麼？）活化了大腦的獎勵中心。可是長期來看，就出現了一個有趣的模式。當研究人員在一年之後量測各組的憂鬱症狀，他們發現，那些大腦在給別人錢時活躍起來的受試者，其憂鬱症狀有所減輕；而那些在收到錢時得到大腦獎勵的人，其憂鬱症狀則有所加重。

相反地，享樂性的活動會引來更多的享樂活動。擁有更多的物質財富會讓我們想要更多的物質財富，形成研究者稱為「享樂跑步機」（hedonic treadmill）的反饋循環。可是，享樂活動帶來的好處很快就會消失，基於兩個原因：首先，我們的期望會不斷升高，這意味著我們很快就會習慣自己的新衣、新車、新居、新手機、新電腦……等等，然後去追求得到下一件新物品帶來的快感。其次，社會比較使我們不斷去注意別人擁有什麼，以及我們為了享樂而想要什麼，不管是一棟大房子、一次令人嚮往的假期，或是去一家頂尖機構面試。

「享樂跑步機」不僅是由物質財富推動，也受到社會期望的推動，看社會期望我們應該成為什麼樣的人。雖然想要成為一個完美的養家者、完美的家長……這種渴望乃是出自好意，但是這個目標也把我們推上了同樣的跑步機（一如第四章裡討論過的「挑戰我們身分認同的微壓力」）。正如消耗我們能力的微壓力幾乎總是會使我們走上失敗的路——我們具有生產力的日子就只有那幾個小時，即使是單單一個微壓力也能引發長達數小時的漣漪效應——我們經常因為只注意到自己不如人之處而步上失敗。我們低估了自己已經做到的事，而為了自己沒能做到的事自責。我們把標準訂得愈來愈高，在我們達不到標準時責怪自己。這種微壓力的循環令人筋疲力盡。

那些十中挑一者也擁有成功的物質象徵——畢竟他們是公司公認的高績效員工，並且得到相應的獎勵。即使如此，物質財富並不是他們身分認同的重點。相反地，他們的意義感獨立於金錢、社會期望或其他事物之外，而這有助於他們擺脫享樂主義生活方式的壓力。

當我們研究的那些領導者最為熱情洋溢地向我們說起職場上意義感的來源，他們的熱情往往和他們所扮演的指導者角色有關。例如，一家金融服務公司的資深員工娜塔莉雅藉由和新進員工交談而找到工作意義的新來源。作為新人入職適應過程的一部分，人力資源部門偶爾會找幾位領導者和新進員工喝咖啡聊天，而娜塔莉雅就是其中之一。她有一套標準做法來進行這種聊天：她會描述自己的職涯進展，討論獎勵績效的公司文化，然後針對新進員工的背景問幾個不痛不癢的問題。她享受這些閒聊，但一向將之視為一種公關工作：讓自己成為比較平易近人的領導者，從而與人資團隊建立起良好的關係，因為她有時會需要人資部門的協助來處理人事上的難題。

可是當她和一位名叫珍妮的新進員工進行這番聊天時，她發現她對珍妮的故事比對自己的故事更感興趣。珍妮告訴娜塔莉雅，說自己雖然已經三十出頭，但是最近才從大學畢業。她很年輕時就有了小孩，很晚才找到自己的職業道路。如今身為單親家長，珍妮很高興有機會加入這間公司，不想把這個機會搞砸了。可是這位新進員工擔心自己該如何在工作和家庭之間取得平衡。她對娜塔莉雅說：「我歡迎妳對我提出任何建議。」

娜塔莉雅認為自己的確可以讓珍妮的職業生涯有所不同，她告訴珍妮：「我很樂意定期和妳這樣喝咖啡聊天。事實上，如果我找另外幾位同事來一起喝咖啡閒聊，會有幫助嗎？我想，身為一個團體，我們可能會有很多東西可以分享。」珍妮抓住了這個機會，和她視為榜樣的某個人建立起真實的關係。娜塔莉雅則看出了一條途徑，讓她能和資淺員工建立起更有意義的連結，而非只是奉命和新進員工會晤或是定期進行績效考核。

娜塔莉雅說：「我忽然以全新的眼光來看待自己多年來辛苦累積的經驗。我本身從來沒有遇到一位真正的導師，而我能看出擁有一位導師是多麼可貴。」和一些資淺員工建立起密切的連結，這也打開了娜塔莉雅的視野，讓她看見新的事物。這些新進員工對工作有不同的看法，使用不同的科技工具，協力合作的方式也不同。她也在向他們學習。

給予可以有許多種形式。你可以肯定某人的貢獻、真心問候他們的近況、表現出同理心、遞一張短箋，或是分享一篇文章。即使年輕人自認為沒有什麼東西可以給別人，單單只是請求某人來指導你就能賦予對方一種地位。在我們的整個研究中，我們發現大家太常把自己阻絕於給予所帶來的重要好處之外，因為對於自己能夠給予別人的東西，他們的想法缺少創意或廣度。

十中挑一者的小訣竅

● **把握意料之外的機會去幫助別人。**許多人都很容易回憶起自己曾經多次挺身而出幫助陌生人，例如在停車場替別人提一下沉重的購物袋，在遊樂園停下來幫助一個走失的小孩找到家長，甚至就只是見證鄰居在一份他們急於提交的文件上簽名。在這些時刻，當我們為小事挺身而出，我們的幫忙有助於對方解決自己的微壓力，而且也幫助了我們。這與我們在無意中給別人製造出微壓力時替自己啟動的循環正好相反。在幫助別人消除微壓力時，我們也增強了自己的抗壓能力。一位受訪者發現自己在當地一間藥局排隊預約注射新冠肺炎疫苗時協助一位老人，對方被預約程序弄得緊張不安，而她從隊伍中走出來，花了幾分鐘的時間協助這位老人預約。此舉在她當天面對工作上無數的微壓力時，徹底改變了她看待這些微壓力的視角。她說：「那只是舉手之勞，但是卻給了我很大的鼓舞。」

- **找到能賦予生活多重意義的事物。**那些十中挑一者在忙碌的生活中找出時間來建立能帶來意義感的人際連結，藉由著重於能夠「一舉兩得」的經驗，選擇能在多方面提升意義感的活動。當艾莉西雅自願在小孩學校的圖書館當志工，她知道自己是在為一個崇高的目標服務，為他人付出。她得以在學校裡見到孩子，同時示範了社區服務和教育的重要。一個額外的好處是她和其他志工家長建立起的情誼。在艾莉西雅看來，「那些是我本來就願意交往的人」。她得以用一項活動達成她的三個重要目標：志願服務、家庭價值和友誼。
- **在微小的時刻找到意義。**一位高階主管告訴我們，說她之所以每週都堅持去參加合唱團練習，部分原因在於同屬女低音部的一位團員告訴她，說自己在練習一首新歌曲時仰賴這位高階主管卓越的視譜能力。這位女低音在排練時會刻意坐在她旁邊，好讓這位高階主管能幫助她更快學會一首新歌曲。看見我們為了團體的利益作出貢獻，即使這些貢獻只發生在微小的時刻，也能為我們提供動力，讓我們即使在快被微壓力擊倒時也能堅持下去。

注意到別人的努力並且加以讚揚，這個簡單的舉動就能讓你在微小的時刻找到意義。你成為那個能夠看見別人的人，肯定了別人的努力。在工作上，不要沒有注意到別人的努力和貢獻並加以讚揚，就急於專注在下一個大問題或目標上。「韋萊韜悅企管顧問公司」（Towers Watson）所進行的一項全球研究發現，主管對員工福祉的真心關注是使員工努力工作的最大驅動力。此舉的額外好處是，成為主動看見同事並且欣賞同事的人，也能讓你自己感覺良好。這可以很簡單，比如感謝同事加班完成一份報告，或是感謝對方在你向主管提交簡報之前自願提供身為同儕的反饋意見。

指導時間

看出對意義感有害的警訊，並且採取行動

留心警訊，當這些警訊顯示出你與他人的互動所製造出的乃是微壓力而非意義。這些警訊包括：

❖ **你看不出自己所做的事帶來了正向的改變；你的工作缺少了理由。**如果你覺得你沒有造成正向的改變，不妨聽聽其他人的看法，以取得新的視角。聽到顧客說她如何增加了價值，一個銷售業務可能會對自己的工作有新的看法，或是你的配偶或伴侶可能會從另一個角度來看待你在工作上遇到的挑戰，讓你更能看出自己的正面貢獻。與同事、顧客或與你親近的人談一談，你也許就會驚訝地發現他們在你的工作中看出了如此多的價值。

❖ **公司的價值觀和你的價值觀不一致。**也許管理階層把高尚的意圖掛在嘴邊，但是這並沒有反映在他們的決策上。如果你感覺到這種不一致，不要試圖扭轉整個局面。你沒辦法以一己之力改變公司的文化，可能也無法選擇離開公司，轉而投效價值觀與你更一致的另一個組織。可是公司文化通常存在於微環境中，在不同的群體間有所差異。尋找那些價值觀與你更一致的群體，具體的做法是參與一些專案，能讓你認識自己所屬群體之外的人，或是參加能吸引不同部門員工的課程。一些受訪者採取的另一種做法是在工作之餘參加志工活動，藉此平衡工作生活。

❖ **你覺得在你的工作之外，沒有人了解你或在乎你這個人。**如果你覺得自己不受重視，或是認為你周圍的人也有同感，就稍微敞開心扉吧。即使你對於把個人生活帶進工作裡有所疑慮，或是你生性內向，你也能找到安全的方式來展現自己的多重面貌。例如，一位主管每次召開小組會議時都會用兩首歌曲開場，一首能吸引年輕一輩的人，另一首能吸引年長一輩的人。此舉促使大家開始談論這些歌曲，並且分享更多關於自己的事。

❖ **缺乏信賴，或是你覺得沒辦法作真實的自己。**信賴可以自然地產生，但是未必非得如此。如果你認為缺少了信賴，可以用按部就班的方法來建立起信賴。我們的研究找出了能夠建立信賴的十種行為。除了其他步驟之外，你可以確保自己言行一致，說明自己的知識範圍，分享部分知識，並且謹慎行事。在團體中分享這些能夠建立起信賴的行為，這可以是在影響你意義感的互動中建立起信賴的第一步。

追求對你有意義的人生角色和目標

我們太常陷入由別人對成功或樂趣的想法來定義的角色，雖然這些角色並不令我們滿足。在我們的研究中，那些在日常生活中找到意義的人是先找出對他們來說最重要的角色，再以支持這些角色的方式來建構他們與其他人的互動。同樣重要的是，他們也刻意決定遠離某些互動，如果那些互動會造成微壓力，或是使他們偏離自己在工作和生活中想要呈現的樣貌。

以艾芙琳為例，她一直是個跑者，以社會所定義的頂尖運動員來定義自己。幾十年來，她都以個人最佳成績來衡量成功。她和其他人分享這份喜悅，但是她能夠與之分享的這個群體變得愈來愈小，只剩下她花時間相處的一組競賽跑者。由於她的職業生活要求很高，要想在比賽中跑出好成績幾乎總是意味著得在凌晨時分訓練，而且是獨自一人，在體能上鞭策自己，卻沒有和隊友一起訓練時的歡笑或共鳴，那是她在大學時期非常珍惜的。如果有一年她沒有創下個人紀錄，她就會責怪自己動力不足或訓練不夠。

最後，她明白了個人紀錄對她而言並沒有太大的意義，那只是別人所認為的樂趣。她曾經熱愛跑步的部分原因在於身為一個團隊的成員，不管是在高中還是大學。這才是她想要追求的目標。明白了這一點，她開始和女兒、女兒最好的朋友，以及這位朋友的媽媽一起跑步。剛開始時，她們都跟不上她，但是她調整了自己的速度和所跑的距離來配合她們。

這個四人小組逐漸發展成一個開放給大家參加的女性跑步團體。跑步成為一種方式，讓艾芙琳和她所關心的人建立有意義的連結。指導她們的進步以及花時間從事一項大家都喜愛的活動讓她找到了樂趣。隨著這個改變，她找到了更新的目標。她仍舊以跑者自居，但是她不再為了地位而跑，也不再愈來愈嚴格地鞭策自己。這就是我們在訪談那些十中挑一者時發現的神奇之處。藉由稍微改變**他們已經在從事的活動**，他們找到方法來讓生活更為豐富——和其他人一起。他們享受著由意義來推動的生活，而不是把「過有意義的人生」這個想法推遲到遙遠的未來。

這些十中挑一者能夠在日常生活中明確地找到意義，並且表達出來，這一點十分驚人。他們相信自己每天都以微小的方式對世界作出了貢獻，從分享這些做法中得到快樂。他們的故事各不相同。一家生物科技公司的主管刻意想讓她女兒看看一個成功得理直氣壯的女性是什麼樣子。另一位受訪的高階主管致力於把公司的獨特文化傳承給下一代員工，從中找到了自己更崇高的使命。有一位經理人在公司裁員時優先考慮給予員工尊嚴。而我們訪談過的一位投資銀行家並不妄想籌募資金有什麼更崇高的目的，但是他覺得栽培自己的團隊意義重大。在所有這些案例中，他們都在與其他人的關係中找到了定義自己，以及使自己感到滿足的人生角色和優先事項，再刻意創造出能支持這些角色的活動——並且遠離那些不支持這些角色的活動，這給了他們深刻的個人使命感。

十中挑一者的小訣竅

● **尋找正面榜樣和負面榜樣。**想想那些你欽佩的人，他們似乎活在一個更高的層次。試著找出他們如何成功地把意義融入日常生活中。而且，就像你對待自己的身體健康一樣，想想那些你不想變得像他們一樣的人。一位頂尖顧問告訴我們，他公司裡一名非常成功的銷售人員的退休歡送會令他感到震驚。這位要退休的人員多年來幾乎把睡覺之外的時間都奉獻給了公司，但是退休之後卻沒有任何其他活動可做。他把退休延後了好幾次，直到公司出面，要他按規定在強制退休的年齡退休。這位顧問告訴我們：「我不想成為像他那樣的人。除了賺更多的錢，他沒有起床的理由。」

● **提醒自己你過去曾經是什麼樣的人。**有時候你可能需要回顧過去，來提醒自己從前曾經讓你生活充滿活力的角色和優先事項。重新點燃你過去對一件事物的熱情，並且用來讓你加入新的團體。你可以再次成為過去的自己，即使是和另一群人在一起。一位四十多歲的經理人告訴我們，她最近又開始飛行。她在二十出頭時就取得了私人飛行執照，但是隨著歲月流逝，她讓自己的技術生疏了。最近一次搬家後，她發現自己的家距離當地一座私人機場很近，於是決定參加當地的一個飛行俱樂部。她說：「飛行讓人實際上從一個不同的角度來看這個世界，要拋開壓力，沒有比這更好的方法了。」但是她告訴我們，真正的收穫在於重新成為一群熱愛飛行者當中的一員。她期待著週末早晨和其他的飛行員一起在機棚裡消磨時光。「我享受和他們一起談論飛行。這和我日常生活中的壓力截然不同。」

在微小時刻找到意義

我們經常沒能善用那些能夠創造出意義的微小時刻，出於兩個原因。若非我們認為意義只會來自於偉大、崇高的努力，就是我們認為可以將之推遲，假定我們可以在事情變得比較容易時再來做有意義的事（當然，事情永遠不會變得比較容易）。在我們的研究中，比較快樂的人更可能在當下就看出和他人相處的微小時刻，並且加以利用。例如：

- 提出跟工作任務無關的問題，發現其他人的愛好、相同的觀點或價值觀，藉此來擴展人際關係。
- 停下來跟同事或鄰居交談五分鐘，而不要匆匆忙忙急著去做下一件事。
- 偶爾展現出自己脆弱的一面，從而鼓勵其他人也這麼做。

透過這些方式，藉由找到與他人建立連結的微小時刻，我們得以建立起真實的關係。

懂得把握這些微小時刻的人所形成的網路，經常為我們提供了洞見。良師益友、配偶、小孩、精神導師或教練，都會為一個人指出他未曾意識到的意義來源。泰德是一名銷售經理，負責監督一個銷售農業用品的團隊。他在教會中也很活躍，定期和牧師會面商討教會會務。每隔幾週，牧師就會問他：「你的靈魂怎麼樣啊？」泰德把這些提問銘記在心，而牧師的問題在他日常工作中起了作用，透過他對待工作的方式，讓他看見別人可能看不見的偉大意義。「我和經銷商的關係，我和受我幫助經營農場之顧客的關係，我和手下那些銷售代表的關係，我認為這些關係都是在為這個世界上的其他人帶來一些正面的影響。」泰德和牧師的交談鼓勵他去思索，如何利用他的才能以及他的職業所提供的機會，去改善他周圍的人的生活。

十中挑一者的小訣竅

● **抗拒過度精心計畫的生活。**在兼顧工作和家庭責任的壓力下，你可能已經過著過度緊湊的生活，根本沒有餘裕來建立工作之外的人際關係。在你忙得焦頭爛額時，人際關係是你最先放棄的東西。而且不知怎地，它們再也不會回到你的待辦事項中。你必須努力對抗，不讓這件事發生。以克里希納為例，他刻意盡可能順其自然，而不要過度規劃他的生活。他告訴我們：「比如說，下星期我們要去城裡新開的一家餐廳吃飯。我們就只是把這件事昭告給三十位朋友，說：『我們下週二要去。誰願意來？』結果連我們一年沒見的朋友都冒出來了。想像一下相反的情況，假如我們只試圖喬出時間和另外兩對夫婦聚會，首先，由於每個人都很忙，聚會可能要排到幾週之後，其次，我們就不會有與老友重逢的驚喜和快樂！」有史以來，我們從未像現在這樣有能力來決定自己要做什麼，以及要和誰一起做。不要讓安排得過度緊湊的生活剝奪了你去享受生活中微小時刻的機會。

● **在轉瞬即逝的時刻活在當下。**人生中有數目驚人的關鍵事件都發生在微小的時刻，如果我們不停下來好好感受，就很容易錯過。盡可能地活在當下，意識到你此刻的體驗對你和其他人所具有的意義。這個做法可以很簡單，例如告訴某人你對他有信心。約瑟芬是一位成功的科技公司主管，她在和手下團隊互動時會刻意提高自覺。她會問自己：「妳對妳的組員有信心嗎？他們知道妳對他們有信心嗎？妳有授權給他們嗎？」如同她向我們說明的，「這些才是每一天真正重要的時刻」。其他受訪者則描述了和小孩相處的微小時刻，尤其是在出差回來之後，還有與同事一起喝咖啡聊天，或是立志要在一整天當中都盡可能活在當下。

● **找到微小時刻來對你生活中的人多些了解。**你不需要找出額外的時間去更加了解他人，而可以在與他們的日常互動中創造出機會。在交談中，哪怕只花幾分鐘的時間來問問題，也能讓你更理解對方的為人。試著傾聽，不必表示同意或不同意，喜歡或不喜歡，也不要想著等輪到你開口時你該說些什麼。在已經和你有互動的人身上發現其他面向。瓦昆描述他如何開始在新搬進的社區感覺到歸屬感，藉由在他家櫻桃樹周圍和鄰居偶遇的時刻。「我的鄰居走出門外，於是我走過去，把多餘的櫻桃送給他們，這引發了一番交談。當你參與其中，這樣的微小時刻就鞏固了鄰里的人際網路和情誼。」

與同事進行共創

如果你曾經身為一個團隊的一員，成員互相支持，以真實的自我和隊友建立連結，並且以彼此的想法為基礎，創造出某種新的東西，那麼你就會知道這種經驗會以驚人的方式使人充滿活力、目標明確。在某種程度上，你們所進行的是什麼專案幾乎並不重要；意義來自於你們一起工作的動力，我們把這個過程稱為「共創」（cocreating）。

共創包含融洽和諧——一種深厚的信任、承諾和默契。**我們齊心協力**。共創也可以包含一種有如搭建鷹架的動態，當大家以彼此的想法為基礎而構建出靈光乍現的時刻，使大家達到個人無法獨自完成的創新水準。共創增添了價值，既透過我們在這個過程中建立起的深厚關係而替自己的生活增添了價值，也透過我們身為團隊所開發並發展的想法而替其他人的生活增添了價值。一起為某件事努力，這樣的微小時刻創造出一種真實的連結，是一帖解藥，可用來對抗充斥於我們日常生活中的微壓力。為了某件我們共同創造出的東西而努力，這使我們個人和集體都更加強大。

卡蘿是一位工程專案經理，她體驗到在日常工作中和同事共創所帶來的滿足。她描述了和同事一起歡笑的融洽和諧，即使是在強烈的壓力下。有一次，她的團隊被召喚在深夜召開緊急會議。當然誰都不想在深夜時分起床處理危機，但他們還是從各自家裡召開了視訊會議，以討論出緊急解決方案。卡蘿回憶了當時的情景：「一位同事把自己用毯子裹住，坐在沙發上，然後開了個玩笑，整個通話群組頓時一片哄笑。我把那個畫面用螢幕截圖捕捉下來，因為我心想：『哇，這個團隊真特別，在壓力之下，我們居然還能開懷大笑。』當你和這樣的團隊一起工作——這就是意義所在。」

在卡蘿的經驗中，團隊的融洽和諧也包括自覺要為了其他人而達成任務的承諾、肯定其他成員的犧牲奉獻，並且希望自己對得起他們的犧牲奉獻。「當你環顧室內那些和你並肩工作了幾千個小時的人，你感覺到你有責任不讓他們失望。比如說，我知道這個人過去這三年來都犧牲了週五晚上，為了和我們一起完成這個技術上的修補過程。我會確保她能從中獲益，因為我認為那是高尚的犧牲，所以我絕對不會把事情搞砸。」透過與一群人的真實連結而感覺到自己是一個更大團體的一分子，這有助於卡蘿擺脫工作上的微壓力。「當下你正在做什麼工作並不重要。重點只在於『我喜歡這些人，而我將不會令他們失望，因為我是這個團隊的一員。』」

與此同時，卡蘿形容她的團隊士氣高昂，成員以彼此的想法和活力為基礎，創造出一股集體的動力和創造力，整體成果明顯大於個人單打獨鬥的總和。想想許多人在回顧此生中最美好的工作經驗時那種感受。這些經驗無可避免地都涉及身為團隊的一員，而這個團隊讓每個成員都發揮出最佳表現，並且完成最好的工作。

共創可以在任何任務中發生——關鍵在於同心協力。我們的受訪者描述了各式各樣活動中的共創，像是建構一個計算生物學平台、和一群雜牌軍志工合作推出一個正念課程，或是在當地的壯年游泳俱樂部游泳。

指導時間

脫離——以及回歸——充滿意義的人際連結

我們在訪談中詢問人們在生活或職涯上的哪些舉措改變了他們，使他們脫離或回歸了由意義驅動的活動與人際關係。藉由對圖8-1的省思，受訪者述說了他們如何在人生的某些轉捩點上作出了決定，使他們找到或失去了人生意義。

仔細想想你自己人生中的這些轉捩點。這個過程是否有助於你找出是哪些轉變，使你脫離了讓你找到人生意義的人際關係或情況？

指出在你人生不同階段的經驗或活動，如何形塑了你現有的人際連結——既包括那些增長人生意義的經驗和活動，也包括那些使人生意義流失的經驗和活動。例如，人們經常提到，追求社會所豔羨的高收入職業生涯使他們脫離了維持身體健康或心靈完整的活動與社群。相反地，許多人也描述了某些轉捩點，對於他們參加給予他們人生意義的活動或社群起了關鍵作用，像是去讀研究所、結婚或離開一份勞神費力的工作。

找出機會，重拾過去的活動或喚醒沉睡的人際關係，替你的生活增添色彩並且重拾意義。大多數人重新找回意義感的方式在於重拾過去的愛好，或是找回過去在人生中對他們有意義的人。考慮重新參加像是運動、志工、宗教、音樂或追求知識這類的活動，能讓你迅速融入一個志同道合的新群體。

十中挑一者的小訣竅

● **把握暫時擺脫任務的機會。**經歷過「共創」的人，往往比較樂於接受解決方案以計畫之外的方式出現。他們對於自己需要完成的工作有大致的概念，但是在深入研究「何時完成」以及「如何完成」的策略之前，會先專注於「為何要完成」以及共同合作的過程。不妨偶爾暫時擺脫任務，以與隊友建立起人際連結。如果你抽出時間來提問和探索，用幽默和趣味來加深你與別人的關係，你就能擴展你的人際關係，並且更加全面地了解別人。在這些互動中發展出的信賴，能替真正的「共創」經驗奠定堅實的基礎。

圖 8-1｜你在哪裡找到或失去了人生意義？

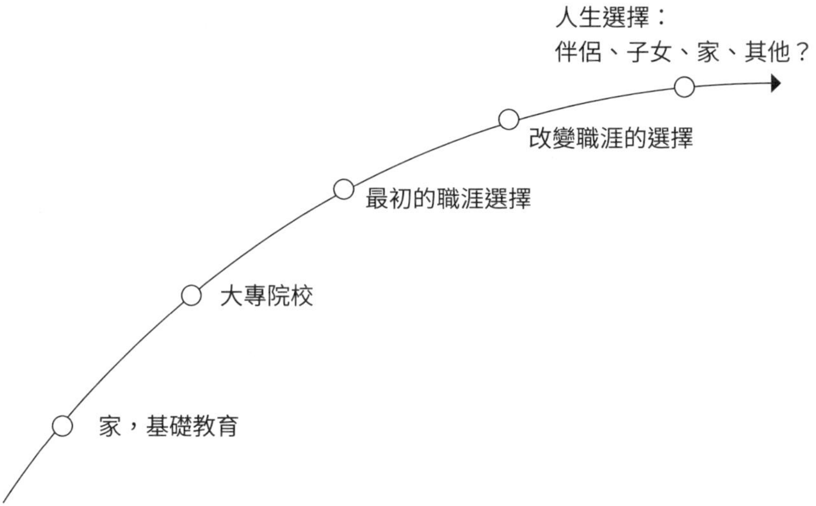

- **改變你和同事互動的方式。**尋找機會與同事合作，一起從事讓你覺得有意義的專案。這些時機可以是提供指導的微小時刻、和與你擁有相同價值觀或為你提供成長機會的人合作，甚至可以是自願和同事一起安排社交活動。
- **在意料之外的成長機會中找到意義。**在你事業最成功的時候去探索值得做的工作和職涯選項。那些十中挑一者不介意在順境而非逆境中作出職涯改變。目前職務的動能把他們順利帶向下一個可能的發展，而這個發展也許更符合他們的意義感。一位受訪者描述了他的反應，當他有機會擔任經理的職位：「我從來沒有要求要當經理，也從來不想當經理，根本沒想過要當經理。然後有一天，我正在開會，而我當時的主管說：『我們打算讓你當經理。你會表現得很好的。可以嗎？』而我的反應是：『嗄？』可是你知道嗎，我其實是個很好的經理。這給了我莫大的意義感，是我從來不知道自己會找到的。」

透過共同的價值觀來建立人際連結

許多受訪者描述他們的意義感取決於他們有能力去做正確的事——不是因為

他們必須頂住壓力去做不一樣的事，而是因為他們屬於一個有共同信仰和志向的集體。與朋友、家人或同事一起實踐共同的價值觀，這是意義感的強大來源。那些十中挑一者找到方法透過共同的目標來建立人際連結，即使在表面上看來不太可能有共享的目標。

喬許是一家製造公司的高階主管，他描述自己在看見價值觀勝過了個人利益時，所感覺到的深刻意義感。他描述該公司的一項指導原則：人人都齊心協力為顧客服務，而不去考慮對個別損益結算表的影響。他告訴我們：「我不覺得自己的業務範圍會常常與銷售部門或產品開發部門的業務範圍對立。我認為對於公司集體需要關注的事，我們的觀念是一致的。」

喬許在另一家公司有過不同的經驗。在那家公司，大家嘴巴上會說要齊心協力，可是一旦與個人利益有所衝突，這份決心就瓦解了。他回憶：「有人會說：『嗯，這樣做也許是對的，可是你不能從我的損益表裡扣除。』或是銷售人員會說：『嘿，我得要完成我的銷售配額。無論如何我都要把這東西賣出去。』」喬許的經驗很典型。公司經常把崇高的抱負掛在嘴邊，但卻光說不練，從而使員工失去意義感。喬許說：「在我之前的公司，我會去參加季度營運檢討會，那種檢討會是以老套的方式花二十五分鐘來檢討數字。你有沒有達成這些數字？你要怎麼做才能達到？如今我們也有季度營運檢討會議，而大概只有前五分鐘是在討論數字。另外二十分鐘談的則是我們還能再為顧客做些什麼，以及我們該如何打造團隊並且幫助團隊成長。後面兩種討論是我以前從來沒做過的。如今，達成數字是我們的責任，但不是我們的目標。」

我們從那些十中挑一者身上學到的一課是：在共同的價值觀中找到意義，並不總是像喬許的經驗一樣容易。我們沒辦法總是很輕鬆地找到一家我們全心認同其任務或使命的公司或文化。這對許多人來說可能並不實際。但是你可以設法透過微小時刻和其他人建立連結。如果你很重視對年輕員工的指導，你也許能找到志同道合的同儕去一起組織指導工作。如果你在職務上重視創造力或運用科技來解決問題，你肯定能找到和你重視同樣事物的其他人，安排會議或其他互動來滿足你這方面的需求。這些互動往往能開展你認為更有意義的工作走向。這些十中挑一者有一個秘訣，就是他們有能力去動員大家，創造出以共同價值觀為中心的工作流程。久而久之，這些努力會形成動力，成為他們職務中較大的一部分，甚至是決定性的部分。簡而言之，這些十中挑一者藉由小小的初始投資來塑造自己的環境和命運，而不是一味地滿足別人的期望。這樣一來，他們就逐漸能夠主動塑造自己的角色。

指導時間

發現隱藏著的意義來源

用這裡所描述的練習來確定目前替你製造出意義的事物，來找出缺口，並且設法透過你和他人的關係來擴大你的意義感。目標並不在於訂定一個全新的人生計畫，而在於看出你目前在哪些事情上找到意義，學習如何更自覺地去貼近這些意義的源頭，並且找出你可以調整或取消的低意義活動。

我們將使用對梅雷迪絲所作的分析來引導你作這個練習，她是媒體界的一位高階主管。表8-1呈現出梅雷迪絲所用的表格。起初她告訴我們，她生活中的首要意義來自於她的工作職務（身為經理人）和她在家庭中扮演的角色（身為母親、妻子和女兒）。每一個角色都充滿了各種微壓力。可是，當我們請她透過這個表格來找出她生活的意義來源（或是損及意義的活動），她有了新的洞見。

		在工作之外			
直屬團隊	顧客、客戶、用戶	配偶伴侶	家人	朋友	同好團體
● **指導團隊**	● **客戶關係**			● 找朋友一同參與	
● 擴大意義感	● 擴大意義感（非營利組織）				● **教授平面設計**
● 擴大意義感	● 擴大意義感（非營利組織）	● 改變一項低意義活動			
			● 增加一項有意義的活動：族譜		

圖表 8-1 ｜目前替我的生活製造出意義的事物

要想知道自己在哪些事情上有機會替日常生活添加意義，首先要看清自己已經在做的事。然後看看你能否加以改變，或是讓其他人參與進來，以幫助你透過這些活動和人際連結來建立意義。

在填這張表時，梅雷迪絲看出了自己以前未曾意識到的意義來源，像是指導她的工作團隊以及教授平面設計。而經過進一步的思考，她也能看出她能如何善用這些活動來擴展她的意義感。

人際關係

替生活製造出意義的事物	在工作上		
	頂頭上司	其他主管	同儕
能帶來滿足感的人生角色和優先事項 ***能滿足你認為對好好生活而言十分重要的一系列個人角色和優先事項***			
為他人付出 ***用你的時間和才華來幫助他人***			
在日常生活中看出意義 ***打開視野，在我們所做的事中看出更大的可能性或更高的意義***			
進行「共創」 ***藉由融洽和諧（深厚的信任、承諾和默契）和替彼此「搭建鷹架」（以彼此的想法為基礎來發展）來合作***			
實踐共同的價值觀 ***與朋友、家人或同事一起實踐共同的價值觀***			

第一步：擴展現有的活動，增加意義的來源。設法替你已經在做的事增加意義感。這可以很簡單，例如看出你已經藉由一項活動替其他人帶來了價值，然後稍微更刻意地去做你所做的事。雖然梅雷迪絲很清楚自己在工作上的正式角色，但她比較沒去思考自己所扮演的非正式角色，例如身為工作團隊成員的指導者。她開始更加關注身為指導者的這個角色，更刻意地付出努力去了解團隊成員的需要和抱負，並且改變她對自己認為勞神的事（例如績效考核）的看法。

第二步：擴展你人際關係的接觸點。設法透過你已經在從事的活動來和更多不同的人建立連結。梅雷迪絲從教授平面設計的志工活動中得到極大的滿足，但是她常常覺得擔任志工的時間占用了她維繫友誼所需的時間。她所填的表格清楚顯示出在「朋友」這一欄有一大塊空白。梅雷迪絲決定看看她能否讓一些朋友來參與她已經在做的事，找到一個朋友來和她一起合作一項平面設計志工活動。關於平面設計的討論會延伸到有關養育子女和一般生活的真誠討論。

第三步：改變一項低意義的活動。你可能無法消除你生活中所有的低意義活動，但是你可以稍微改變它們，從而造成很大的不同。梅雷迪絲對她職務的某個部分不太熱中，就是客戶關係。她熱愛她工作中需要創意的那一面，喜歡看見自己的點子逐漸被實現，但是她對銷售過程以及和客戶談判就不感興趣。然而，她在公司裡的職位愈高，客戶關係對她的工作就變得更重要。在與同事商量之後，梅雷迪絲決定稍微改變她的客戶組合，讓她能與更多非營利組織以及工作內容符合她價值觀的其他組織打交道。這些客戶只占她整體工作的一小部分，也意味著銷售利潤較低，但是她覺得和這些客戶更為投契。從前感覺上像是純屬銷售的事，變成了使用她的創意才華來幫助他人的過程。

第四步：增加一項有意義的活動。刻意作出選擇，以增加一、兩項你知道能讓你找到意義的活動。這些活動未必需要你投入大量的時間，但是必須對你具有意義，而且能讓你與其他人建立起連結。最值得注意的是，梅雷迪絲告訴我們，她從未真正領悟到她有多麼享受「共創」。憑著這些直覺，她優先尋找適當的機會，以「共創」的方式和同事協力合作。而「共創」的快樂也可以擴展到家人和朋友身上。只要有一件讓大家一起合作的專案計畫，就能讓彼此產生情誼。她決定和大家族成員合力製作一份詳盡的族譜，在不同的階段由不同的親戚主導。以彼此的工作成果為基礎，他們拼湊出一份詳盡的家族歷史，包括替家族中的某些傳說找到確切的答案。

她刻意抽出時間來正式採訪她的父母，了解父母的童年，把這些訪談錄下來。家族中另一位成員替大家把這些訪談製作成紀錄片，帶有知名紀錄片製作人肯・伯恩斯（Ken Burns）的風格。梅雷迪絲還建立了谷歌雲端硬碟分享給大家族成員，確保每個人都能得知製作族譜的最新情況。她告訴我們：「看出與我所關心的人一起從事這類其他活動所帶來的好處，這讓我充滿活力。這並非只是從我的主要職責中抽出時間，而是擴展我的主要職責，使之更具有包容性，並且幫助我也能在其他領域看出意義。」

在使用表8-1的欄格來進行自我分析之後，梅雷迪絲得以看出她與其他人的協力合作活動不僅是錦上添花的東西，而是必需品，因為這些活動對於替她創造出意義感十分重要。

十中挑一者的小訣竅

- **優先考慮能為你創造意義的活動和人際關係。**不管你對自己的人生目的有多清楚，當生活讓你忙得焦頭爛額，你必須有策略去堅持。井然有序地安排你的時間。在排定你的日程表時要有紀律，留出時間來從事能在工作之外給你帶來意義的事。一位忙碌的高階主管告訴我們：「即使是在週末，我也會把想做的事列入日程表，例如娛樂或社交活動。」儀式和例行活動有助於把有意義的互動融入你的生活。一位受訪者志願每個月一次在週六和朋友一起在當地的慈善廚房工作。每個朋友都努力信守承諾，不僅因為他們想要幫助自己的社區，也因為他們珍惜能夠並肩工作的機會。他們刻意安排共乘一輛車前往，讓他們在途中有時間聊聊天，並且了解彼此的生活是否安好。
- **用腳投票。**拒絕那些會讓你偏離人生意義的工作或機會。我們在訪談中一再聽到他們如何說「不」，不管是拒絕和價值觀與自己不一致的團隊共事，拒絕能賺更多錢但會剝奪家人相處時間的工作，還是拒絕讓他們覺得只能以勉強符合道德的方式去工作的職務。在某些情況下，他們重新塑造自己現有的角色，使之更有意義。例如，一位十中挑一者負責他所屬組織的領導力發展，他建立起一個模式，動員各單位的主管來互相指導。他解釋：「假如只有我自己來進行這個計畫，就不會給我帶來這麼大的成就感。於是我把它重新塑造成我想要的樣子。」有時候，他們會接下他們並不需要接下、但卻想要接下的工作，比如有關冥想的志工工作，因為這替他們的工作日添加了意義，最終把他們和有相同愛好的人連結起來。

- **參加新領域的活動**。在我們的研究中，那些最快樂的人往往參與了下面四個領域中兩個領域（或更多）的團體活動：

一、**心靈**：圍繞著宗教、音樂、藝術、詩歌或你生活中其他美學領域的人際互動，把工作置於更寬廣的背景中。

二、**公民和志工**：有意義的團體，能創造出目標，並且讓你接觸到由志同道合者所組成的多元群體。

三、**朋友和社群**：像是體育活動、讀書會、晚餐會之類的集體活動。

四、**家人**：照顧家人、為你所看重的行為樹立榜樣，和大家族成員活出傳統和價值觀。

前文中提到過那位高階主管馬可，他發現自己有了一天空閒，卻無事可做，後來他找到了一個方法，替自己找回生活中在工作之外的意義感。他志願參加當地的一個環保團體，幫助清理一座滿是垃圾和雜草的公園。在不定期的清潔日前來參與的人形形色色，各種年齡層都有，來自各行各業，但是馬可發現他們有共同的價值觀：關心環境、服務社區的精神，以及在某個週六聚在一起享受完成一件事的樂趣。漸漸地，他開始投入更多時間在這個團體。然後他重複了這個過程，和妻子一起加入當地的一個網球社團，還參加了教會的一個男性團體。不到一年，馬可就在自己生活中建立起多元而真實的人際連結，是他生活目的和意義的深層源頭。而這種意義感又反過來使他能夠擺脫日常生活中的許多微壓力——從前他覺得十分重要的小事對他的影響不再那麼大。他說：「這看似是件小事，但是我認為這讓我在工作上更加快樂，因為在工作和家庭責任之外，我的確得到了一些平衡和意義感。」

在生活中建立意義並不需要你去作深刻的自我反省，去找出你活在這世上的理由，但是你的確需要刻意作出努力。我們訪談過的許多人都發現，日常生活會把你捲入無形的暗流，把你拖向社會所定義的期望之岸，而非你能找到個人價值觀的地方。

微壓力會消耗你的能力、耗盡你的情緒儲備、挑戰你的身分認同，要克服這些微壓力使你更難找到回歸人生意義的路。可是，如果你等到人生中的完美時機（也許是當你的財務安全徹底有了保障，或是當子女長大成人）才允許自己奢望去找到人生意義，你可能會發現你已經失去了多年的機會去建立人際關係，而這些人際關係正是意義感的核心。

我們很容易就會被日常生活中的微壓力淹沒，而看不出有任何機會來創造或追尋人生意義。但是那些十中挑一者看待意義的方式不同。他們不會獨自創造出意義；和其他人的關係起了關鍵作用。意義不僅在於我們所做的事，也在於我們如何和其他人一起做。我們的人際關係增加了多元的層次和視角，幫助我們以更開闊的視角來看這個世界，也幫助我們看出對我們來說真正重要的是什麼。事實上，許多人都發現這些人際關係對我們來說才是最重要的。值得去做的事變得更有意義，當我們和價值觀相同的其他人一起協力去做。他們提醒了我們自己是什麼樣的人（或是能夠是什麼樣的人），當我們呈現出最好的自己。

結語 從小處著手

「我們演奏的音樂很雜，從經典搖滾到我們樂團成員所喜歡的一些新曲目都有，」彼得自豪地告訴我們。「我甚至還有幾段很炫的吉他獨奏。」

在我們的研究中，也許沒有人比彼得更驚訝於微小的改變對他生活造成的影響。彼得是位非常成功的神經外科醫生，他發現自己在四十多歲時和一群二十歲的年輕人一起彈吉他。彼得原本並沒有打算要加入一個當地樂團，可是他採取了一系列小步驟，試圖重拾在事業占據他全部精力之前他曾經熱愛的活動，最終使他加入了樂團。他常去當地一間樂器行替他的舊吉他調音，順便買些新的音樂作品，然後他注意到一張傳單，是在招募願意在一個低調週末樂團演奏的人。傳單上寫著：「我們用數量來彌補所缺少的才華！」他一時興起，決定去應徵。他解釋：「這和動手術截然不同。做手術時我必須動腦，全神貫注；而當我和這些人一起演奏時，我根本不必動腦，就只是放鬆忘我。真是其樂無比。」

彼得已經很多年沒有把自己視為樂手了。可是當我們採訪他時，他洋溢著對音樂的熱情。我們問他是什麼促使他去回應那則廣告？他說：「我就只是回想起我曾經多麼熱愛在樂團裡演奏，我只是想再找回那種感覺。」

許多人對自己都有鮮活的記憶，當我們自覺處於最佳狀態——也許是在大學時代或是在職涯初期。可是，就像彼得一樣，我們發現日常生活的微壓力漸漸剝奪了我們那種快樂。而我們就只是接受了這個命運，強打起精神來面對微壓力日益增加的打擊。或是我們會求助於有關改善自身幸福的傳統建議，這些建議往往側重於我們能做些什麼來使自己更堅強地承受壓力（大壓力或微壓力），像是冥想或感恩。這些做法著重於幫你建立起更恰當的視角，讓你能夠忍受生活中愈來愈多的微壓力。

倘若你能夠消除一些微壓力，而非提高自己承受壓力的能力，這不是更好嗎？幾十年的社會科學研究顯示，負面互動的影響是正面互動的五倍。我們每天都被自己甚至沒有看出的微壓力淹沒。試想一下，哪怕只在你日常生活中找出一、兩個微壓力來修正，都能產生多大的影響。更好的是，想一想，如果能和替你生活增添意義與成長的人建立起新的正面互動，會有什麼效果。

在本書中，我們提供了一些工具，讓你看出微壓力以哪些隱形的方式侵入你的生活，也給了你詞彙來表達自己的感受。你無法解決你不知道自己有的問題，也無法處理無以名之的東西。我們提供了工具和指導時間，來幫助你診斷出自己的微壓力來自何處，也針對該如何抵擋微壓力提出了建議。但是我們也請你靜下心來自我反省，想想你在哪些方面無意間助長了微壓力的循環。

我們和你分享了我們研究中最快樂的那群人所採取的不同做法。他們不僅擅於轉移和消除生活中的微壓力，而不影響工作表現，也刻意建立並維持多層次的豐富生活。我們深深欽佩這十分之一的人，就像彼得，他們找到了安排生活的方法，讓與其他人的互動來推動他們。在我們的研究過程中，我們兩個開始採用我們所看見的幾種最佳做法，一方面看出自己生活中的微壓力，並加以抵擋，另一方面則找出和其他人建立真實連結的微小時刻。我們兩人之一（羅伯）重拾了他過去的一些嗜好，包括打網球和騎自行車，建立起一組全新的人際連結，每天都帶給他建議、視角、歡樂和友誼。另一人（凱倫）則意識到她和大學時代的一些親密朋友疏於聯繫，儘管她們都住在一個小時的車程之內。於是，即使是在疫情最嚴峻的那段日子裡，她們也刻意相約去當地的步道健行，並肩行走數英里，讓自己至少暫時忘卻在家中等待她們的微壓力。在那幾個月（幾年）的疫情期間，隨著凱倫和她的朋友支持彼此，度過搬家、雙親年邁、健康出問題、空巢期等各種挑戰，這些徒步健行轉變成一種更深的連結。她們的徒步健行變成了頻繁的簡訊、在彼此家中聚會、一次純女性的特別假期，以及無盡的歡笑時光。我們兩人都提醒自己，與我們關心的人建立真實的連結能夠幫助我們遠離微壓力。

在數十年的研究中，我們和世上最有名望的一些組織以及數百名高績效人士密切合作，而我們從此書的採訪對象身上學到的教訓帶給我們前所未有的感動。可以確定的是，我們的幸福如今明顯面臨危機，但是也有著強而有力的解決辦法。消除你生活中的一些微壓力，並且尋找與他人建立起真實連結的微小時刻，這些真實的人際連結能替你的生活增添新的層面。現實是，我們從未比現在更有能力來形塑我們所做的事，以及和誰一起做。就從小處著手吧。

致謝1

我深深感謝與 Connected Commons 相關的所有人員與組織，該聯盟由我們共同創立，旨在幫助推動人際網路研究在當今這個高度連結的世界中的實際應用。

撰寫這本書的念頭來自我們在 Connected Commons 所做的研究工作，研究數百個組織中高績效員工的人際網路。我很幸運受到該聯盟贊助成員的敦促，敦促我在思考個人的成功時不僅著眼於高績效，也著眼於個人在整個職業生涯中的幸福感。有關個人福祉的研究在新冠疫情期間成為顯學，而這些高瞻遠矚的人早在那之前就開始思考這個問題。我非常感謝他們的遠見，也感謝他們允許我們進入他們的組織進行研究，讓我們得以針對人際網路進行大規模的量化分析，並且採訪了三百多位高階主管。我也要感謝所有這些受訪者，感謝他們讓我了解他們個人生活與職業生活中的人際關係所帶來的痛苦和歡樂，這些人際關係構成了他們的世界。

雖然要感謝的人太多，無法一一列出名字（還請見諒！），但我要感謝對撰寫此書產生重大影響的幾個人。首先要感謝的是 Jean Singer，她在這項研究的各方面都是位傑出的協力合作者和共同作者。從我們研究成果的縝密和深度可以看出她的影響——Jean，謝謝妳為這件工作貢獻了妳的時間、才智和幽默！同樣地，Greg Pryor 也為本書貢獻了源源不絕的才智和對書中想法的實務應用，由於他的貢獻，本書在許多層面上都更具創造性和實用性。

透過多次互動，Peter Amidon、Michael Arena、Mike Benson、Inga Carboni、Vinnie DiSalvo、Chris Ernst、Rebecca Garau、Peter Gray、Karen Kocher、Andrew Parker 和 Deb Zehner 對於撰寫本書的發展過程也同樣重要。我還要感謝我在「巴布森學院」的同事 Danna Greenberg，她與我們合作研究心理韌性這一方面，並且從一開始就敦促我進行這項研究。

就機構而言，我要感謝「巴布森學院」和我的許多學術界同事，他們看出了嚴謹應用研究的價值，並且替這項工作創造了空間、提供了支持。我也十分感謝與「企業生產力研究所」（i4cp）的合作及其整個團隊。雖然無法一一指名道謝，但我還是要特別感謝 Carrie Bevis、Madeline Borkin、Kevin Martin、Kevin Oakes、Kevin Osborne、Erik Samdahl 和 Mark Walker 對這件工作的支持。我也要感謝「人力資源創新資源中心」（IRC4HR），尤其是 Jodi Starkman 和 Hal Burlingame，感謝他們在這項工作初期給予的信任。

此外，我還要感謝「哈佛商業評論出版社」的編輯團隊。尤其是兩位傑出的編輯 Scott Berinato 和 Susan Francis，他們在本書的編寫過程中孜孜不倦的投入，使這本書受益匪淺。兩位編輯在各個層面上都對本書產生了重大影響——感謝你們投入時間和才智，使這本書得以成功。

最後，我要感謝我出色的子女——康納和瑞秋。我從這項研究中所學到的很多東西都反映在你們的生活中，你們努力按照自己的方式生活，讓我每天都為你們感到驕傲和高興。當我想要有意識、有目標地全心投入生活，你們是我的靈感泉源和指路明燈。謝謝你們！

羅伯・克羅斯

致謝2

當羅伯第一次來找我談和他合作撰寫此書的事，我的生活已經異常忙碌，簡直不可能加以考慮。我怎麼找得出時間來寫一本新書？事實上，我太忙了，以至於我告訴他，若要跟我碰面，他就只能到從我家步行即可抵達的那間咖啡館來。在那裡碰面可以省下我浪費在交通上的時間。幸好，羅伯並沒有認為此舉會浪費他的時間而使這項合作破局。當他與我分享他的研究洞見，他的觀察深深打動了我。我意識到自己的生活也充滿了微壓力，使我差點放棄了這個絕佳的機會，來與羅伯共創出某件有意義的東西。羅伯，非常感謝你那天大老遠來到布魯克林！在疫情期間撰寫此書提醒了我，敦促自己建立並維持多元生活有多麼重要。

在合撰此書的整個過程中，我開始刻意採用我們在書中介紹的一些做法，尤其是騰出更多時間給那些無意間從我的優先事項中滑落的朋友。我不會讓這種情況再度發生了。在疫情期間，這些朋友成了我對抗微壓力的重要解藥。因此，我想在這裡特別提出其中幾位。

我要感謝 Laurie Flowers 和 Laura O'Keefe，謝謝你們在疫情期間和我邊走邊聊的那許多時光。零度以下的氣溫和遮住我們笑容的口罩都無法減損和你們相處的歡樂。我也要感謝 Kelly Ten Hagen 和 Lorrie Cummings，幾十年來，你們的友誼一直給我帶來源源不斷的支持和快樂。謝謝你們從未讓談話枯竭。感謝我的心靈知己 Evelyn Roth，多年來，你幫助我承受日常生活中的微壓力，即使我們遠隔重洋，仍然建立起深厚的友誼，對此我萬分感激。謝謝 Donna Bowie，感謝你始終看重我們的終身友誼。我要感謝我在「班揚全球家族企業顧問公司」的同事，我有幸能和這樣特殊的一群人並肩工作，尤其是 Meredith Nealon，我很高興每天都有機會和她一起進行有意義的共創。感謝你們幫助我更加熱愛我的「正職」。我還要感謝我在「山間醫療保健領導力學院」（Intermountain Healthcare Leadership Institute）的朋友兼同事，尤其是 Ilaria Cominotti、Travis Hansen、Julie Frahm、Angela Egner、Bruce Jensen 和 Charles Sorenson，感謝你們讓我在撰寫此書時能即時和你們探討並發展書中的這些想法。我很榮幸能成為你們師資團隊的一員，更榮幸能成為你們的朋友。

我對我們在《哈佛商業評論》的編輯 Susan Francis 和 Scott Berinato 萬分感謝，感謝你們不僅對撰寫此書的計畫充滿信心，而且竭心盡力做好每一件事。你們是編輯界的「夢幻團隊」，我對你們感激不盡。我也要感謝 Jean Singer 和

Peter Gray，感謝你們在撰寫此書的過程中的慷慨合作。感謝 Victoria Desmond 和 Patricia Boyd 以觀察入微的眼光使這本書更加完善。也要感謝我們的經紀人 Jim Levine 早早就熱心地看出這個想法的潛力。

最後，我要感謝我的家人，理察、芮貝卡和艾瑪，感謝你們給我的生活帶來如此多的幸福，同時也支持我繼續以新的方式成長。芮貝卡和艾瑪，看著你們展開自己的旅程，在這個世界上尋找自己的位置，我為你們正在建立起豐富多元的生活而感到無比自豪。也感謝你們在這個過程中使我的生活變得更加豐富。

凱倫・狄倫

國家圖書館出版品預行編目資料

微壓力：小情緒如何累積成大問題？／羅伯．克羅斯、凱倫．狄倫著；姬健梅譯. -- 初版. -- 臺北市：平安文化, 2024.7　面；　公分. --（平安叢書；第802種）(UPWARD；157)
譯自：The Microstress Effect: How Little Things Pile Up and Create Big Problems—and What to Do about It
ISBN 978-626-7397-53-4（平裝）

1.CST: 壓力 2.CST: 抗壓 3.CST: 情緒管理

176.54　　113008651

平安叢書第802種
UPWARD 157

微壓力

小情緒如何累積成大問題？

The Microstress Effect:
How Little Things Pile Up and Create Big Problems—and What to Do about It

作　　者—羅伯．克羅斯、凱倫．狄倫
譯　　者—姬健梅
發 行 人—平　雲
出版發行—平安文化有限公司
台北市敦化北路120巷50號
電話◎02-27168888
郵撥帳號◎18420815號
皇冠出版社（香港）有限公司
香港銅鑼灣道180號百樂商業中心
19字樓1903室
電話◎2529-1778　傳真◎2527-0904
總 編 輯—許婷婷
執行主編—平　靜
責任編輯—陳思宇
美術設計— Dinner Illustration、李偉涵
行銷企劃—鄭雅方
著作完成日期— 2023年
初版一刷日期— 2024年7月

法律顧問—王惠光律師

讀者服務傳真專線◎02-27150507
電腦編號◎425157
ISBN◎978-626-7397-53-4
Printed in Taiwan
本書定價◎新台幣450元／港幣150元